Gerrit Winter

Das Abenteuer Hingabe

Gerrit Winter

DAS ABENTEUER HINGABE

Was wir gewinnen,
wenn wir das Leben nehmen,
wie es kommt

HERDER

FREIBURG · BASEL · WIEN

MIX
Papier aus verantwortungsvollen Quellen
FSC® C014496

www.herder.de

Illustrationen: Gestaltungssaal, Sabine Hanel
Satz: Röser MEDIA GmbH & Co. KG, Karlsruhe
Herstellung: GGP Media GmbH, Pößneck

Printed in Germany

ISBN Print 978-3-451-03396-4
ISBN E-Book (EPUB) 978-3-451-82774-7

WIDMUNG

Dieses Buch widme ich meiner Mom, Evelin Winter.

Sie ist mein Fels in der Brandung, von ihr habe ich gelernt, was Hingabe bedeutet, ohne es zu wissen. Die Erkenntnis kam mir erst im Kontext dieses Buches. Die Erkenntnis, dass meine Mom bedingungslos liebt und bedingungslos annimmt – nämlich mich. Und damit ist sie der einzige Mensch in meiner Welt, der mir das Prinzip Hingabe vorgelebt hat. Egal, was oder wie ich mich veränderte, egal, was das Leben mit mir vorhatte und wohin die Wellen mich trugen, sie stand immer an meiner Seite. Das ist bedingungslose Liebe, das ist Hingabe – das ist meine Mutter. Ich liebe dich über alles. Unsere Liebe bleibt. Danke, Mom!

INHALT

EINLEITUNG

Du hast dich also für ein Abenteuer entschieden? Für das Abenteuer Hingabe? Dann sind wir schon zwei! Wahrscheinlich wagst du dich jetzt in fremde Gewässer. Du brichst zu einer Reise mit unbekanntem Ziel auf – und wirst ein Abenteuer erleben, das in der Form, wie du es erleben wirst, noch niemand erlebt hat. Denn es ist *dein* Abenteuer Hingabe. Etwas Einmaliges. Ich hoffe sehr, dass es dich bereichern und inspirieren wird und dir zu mehr Leichtigkeit und Ruhe, zu mehr Gelassenheit und Resilienz im Leben verhilft.

Wahrscheinlich hast du wie viele andere Menschen mit dem Begriff Hingabe noch nicht viel Berührung gehabt. Vielleicht hast du dieses Buch gesehen und dich gefragt, warum ein Typ wie ich sich mit einem so oldschoolig klingenden Wort befasst und bist neugierig geworden. Wann hast du das Wort Hingabe zuletzt benutzt oder gar gedanklich unter die Lupe genommen? Schon lange her? Noch nie? Dann befindest du dich – darauf wette ich eine Tasse Kaffee – in sehr guter Gesellschaft.

Seit über zehn Jahren arbeite ich als Coach und habe die wunderbare Aufgabe, Menschen dabei zu unterstützen, bewusster, gesünder, selbstbewusster und autonomer durchs Leben zu gehen. Ein wichtiger Teil meiner Arbeit besteht darin, Menschen zu sensibilisieren und zu motivieren, Altbewährtes auf den Prüfstand zu stellen und fest eingebrannte Muster und Gewohnheiten zu hinterfragen. Das tue ich

– mit Hingabe. Egal, ob beim Thema Stimme und Kommunikation oder beim Thema *Mental Health*.

Hingabe ist zum Kompass meines Lebens geworden. Das hängt mit den Erfahrungen zusammen, die ich vor ungefähr zehn Jahren gemacht habe. Mit zwanzig war ich als äußerst zielstrebiger und fast schon kompromissloser junger Mann in die große und wilde Entertainmentindustrie eingestiegen und hatte mir als Popstar und Teenieschwarm einen Weg erkämpft. Ich war in den Charts gelandet, hatte mit Weltstars performt. Doch dann geriet ich auf diesem stetigen Weg nach oben aus dem Gleichgewicht. Mit achtundzwanzig Jahren und nach fünf Hörstürzen wurde mir klar, dass es so nicht weitergehen konnte.

Während meiner ersten Karriere als Sänger bin ich vielen Träumen, Wünschen, Normen und Erwartungen hinterhergelaufen, seien sie nun gesellschaftlich auferlegt oder selbsterschaffen. Irgendwann habe ich angefangen, dieses Hinterherlaufen zu hinterfragen. Denn an mir selbst habe ich gespürt und erfahren, was für einem unglaublichem Stress wir uns aussetzen, wenn wir all den ach so guten Vorbildern folgen und uns abverlangen, ein glückliches, gutes, perfektes oder sinnvolles Leben zu führen. Wir werden zu Sklaven unserer guten Absichten, Ziele und Optimierungsansätze, und das macht uns nicht zufriedener und gesünder. Gibt es einen anderen Weg? Ich sage ja, den gibt es. Er hat mit Hingabe zu tun und ich habe mich auf diesen

Weg gemacht. Hingabe hat mein Leben verändert: Es ist mir gelungen, einen neuen Weg einzuschlagen und wieder Zuversicht, Leichtigkeit und Vertrauen zu finden. Ich habe gelernt, mich dem hinzugeben, was das Leben mit mir vor hat.

In diesem Buch wirst du erfahren, wie ich meinen Weg zur Hingabe gefunden habe. Vor allem aber soll dir dieses Buch zeigen, wie du das Prinzip Hingabe für dich testen und vielleicht für gut und hilfreich befinden kannst. Dazu gebe ich Tipps und Denkanstöße, sozusagen einen „Kurs in Hingabe", der dir deutlich macht, wie die ersten Schritte auf dem Weg zu diesem großen Wort und zu seiner neuen Bedeutung für das Leben aussehen können. Ohne dabei dich und dein bisheriges Leben vollständig infrage zu stellen und alles zu verraten, an das du geglaubt hast oder an dem du dich festhältst.

Hingebungsvoll zu leben klappt nicht von Anfang an, denn gerade unsere Ziele, Wünsche und Vorstellungen sind von großen Emotionen geprägt. Sie resultieren aus Sehnsüchten und Bedürfnissen. Deshalb ist es nicht leicht, plötzlich zu sagen: Ich nehme die Dinge ab jetzt einfach mal so, wie sie kommen. Aber es klappt immer besser, jeden Tag, und sogar in sehr herausfordernden Situationen. Wenn wir Hingabe „geübt" haben, gelingt es uns auch in schwierigen Momenten, unser Strahlen und Leuchten nicht zu verlieren und mental gesund und zuversichtlich zu bleiben. Man übt also an den guten Tagen für nicht ganz so gute Tage, um dann nicht umgeworfen zu werden. So wie man sich einen Regenschirm einpackt, bevor es regnet, jedenfalls im besten Fall. Man hat ihn einfach immer dabei, *just in case*. Man kann es auch wie ich machen und Hingabe inmitten des krassesten Regenschauers lernen.

Obwohl ich mich schon lange mit dem Prinzip Hingabe beschäftige, bin ich nie fertig damit – man muss es einfach tun, ohne je Profi-Status zu erlangen. Es ist eben kein Wochenendkurs, sondern ein Sich-Zuwenden, ein tagtägliches Entscheiden dafür, das Leben passieren zu lassen und nicht um und für alles zu kämpfen. Nicht immer aktiv eingreifen, sondern mit dem Flow gehen. Ein Knopf, den man tagtäglich bewusst drücken muss, immer wieder neu. Denn jeden Morgen wird es Anteile in einem geben, Stimmen, die einem suggerieren, dass man das Leben doch lieber fester in die Hand nehmen, noch mehr kontrollieren und steuern sollte. Und dagegen gibt es eigentlich auch nichts einzuwenden, denn meist kommen auf dem Etappenziel sehr engagierte und „ziel-strebige“ Menschen an, die im wirtschaftlich und gesellschaftlich verstandenen Sinn sehr erfolgreich sind.

Ich wollte mich immer gerne zu diesen Zielstrebigen zählen, weil es schön ist, etwas erreicht und es sich erkämpft zu haben. Das kennen und fühlen wir alle, das ist normal und deshalb wohl völlig „gesund“, könnte man meinen. Unser Ego, besser gesagt, der Leistungsträger in uns, ist dann total happy. Aber, was ich durch meine eigene Geschichte und durch meine zweite Karriere als Coach gelernt habe, ist, dass es unfassbar anstrengend ist und müde macht. Findest du nicht auch? Immer alles kontrollieren, immer anstoßen, einen Schubs geben, immer das Glück suchen und finden wollen, immer alles tun, damit es so kommt, wie man es sich vorgestellt hat, immer wieder aufstehen und weitermachen, immer das Möchten und Wollen an die erste Stelle setzen und nie nachgeben, loslassen und sich dabei gut fühlen.

Wir haben es selbst in der Hand, neue Wege einzuschlagen. Ich gebe dir in diesem „Kurs in Hingabe“ gedankliche Anstöße und auch mal eine praktische Übung, die dir hilft, im Alltag öfter mal den Gang rauszunehmen, es rollen zu lassen und zu schauen, was dann passiert. Als Beispiele dienen Erfolgsgeschichten und Heldenreisen mitten aus dem Leben und aus meiner täglichen Arbeit mit Menschen in Krisen oder in Change-Prozessen.

Ich möchte dir außerdem zeigen, wie sehr uns die Suche und das Streben nach Glück an unserem Leben hindert und wie wir ein Leben aus der Fülle und nicht aus dem Mangel heraus führen können. Und was das mit Hingabe, mit der Wahrheit und dem Loslassen von Träumen zu tun hat.

Darüber hinaus wird es in diesem Buch um Wörter wie „genügen“ oder „bedingungslos“, „Menschlichkeit“ und „Verbindlichkeit“ und um „Sinnhaftigkeit“ und „mentale Gesundheit“ gehen und ich hoffe, dass sie dich genauso inspirieren und motivieren wie mich und du Lust bekommst, ihnen neues Leben einzuhauchen.

Ich bin überzeugt davon, dass die Themen dieses Buches eine gesellschaftliche Relevanz haben, gerade in der strukturierten und durchdigitalisierten Welt, in der wir leben. Hingabe und das Sein im Hier und Jetzt sind nach meiner Überzeugung die wichtigsten Faktoren, um im Leben Balance zu erreichen.

Dieses Buch soll – wie alles, was ich tue – sensibilisieren statt optimieren und uns zeigen, wie wir ein Leben erreichen können, das uns nicht zu Opfern, sondern zu Schöpfern macht. Wir können lernen, unsere Zeit auf Erden zu genießen, anstatt uns permanent hinterherzulaufen. Leben statt überleben.

Du hast es verdient! Auf geht's in dein Abenteuer Hingabe …

KAPITEL 1

EIN LEBEN AUF DEM BEIFAHRERSITZ

Wenn man nach Definitionen des Wortes Hingabe sucht, wird diese als eine Bewegung beschrieben, die dem Engagement, der Anstrengung oder der Leidenschaft verwandt ist, jedoch nicht ein „aktives Drängen“ bedeutet, sondern ein „Sich-Zuwenden, Sich-Öffnen und Empfangen“. An anderer Stelle kann man lesen, dass Hingabe ein „Akt der vollständigen Überantwortung an das Leben, eine Einwilligung in das Leben“ ist. Ich finde, das sind starke Worte! Für manche vielleicht auch Worte, die eher Widerstand auslösen. Was mich am Begriff Hingabe fasziniert, ist, dass er die Aufforderung beinhaltet, sich dem Leben mit all seinen Herausforderungen entgegenzuwerfen. Sich hinzugeben und dabei bewusst die Entscheidung zu treffen, das Leben so zu nehmen, wie es kommt, anstatt immer nur die Pfade des Wollens und Möchtens zu beschreiten. Denn – das ist meine Erfahrung und Überzeugung – selten führen uns diese Pfade zu Veränderungen oder Verbesserungen. Im Gegenteil: Oft kämpfen wir immer wieder dieselben Kämpfe, die uns nicht glücklicher machen, und übersehen dabei, wozu das Leben uns gerade einlädt. Das Prinzip Hingabe hat einen anderen Grundgedanken: Zuerst bin ich aktiv in meiner Haltung, mich hinzugeben, und dann erfolgt alles ohne mein Zutun. Es geht also um ein aktives Nicht-Handeln, ein Empfangen, eine passive Geste. Das Leben passiert einfach, das ist es, was aus meiner Sicht die Magie ausmacht. Und gleichzeitig ist es das, was es uns so schwer macht, weil wir Menschen ja durchaus zur Kontrolle neigen. Wir lieben es, an Dingen und Gegebenheiten, an Menschen und Beziehungen festzuhalten. Wobei der Begriff „lieben“ nicht ganz passt, denn rein evolutionär ist es eher ein Wesenszug unseres menschlichen Gehirns, dass wir Veränderungen nicht mögen, dazu später mehr.

AUF DEM BEIFAHRERSITZ

Wenn ich im Coaching darüber spreche, wie wir Hingabe praktizieren und dem Leben vertrauen können, benutze ich immer gerne das Bild eines Autofahrenden und eines Beifahrers oder einer Beifahrerin. Wer ist wohl der Fahrende und wer der Beifahrende? Richtig. Seit ich zur Hingabe gefunden habe, bin ich in meinem Leben – zumindest meistens, denn ich kann nur mein Bestes geben – der Beifahrer. Ich lasse das Leben fahren. Die Lektion, die ich in den letzten Jahren gelernt habe, lautet: Es passiert das, was für dich richtig ist und nicht das, was du dir wünschst. Das ist nicht zwingend dasselbe.

Für die Autofahrt bedeutet das: Ich kann Vorschläge machen, was die Route angeht, aber der Fahrer entscheidet. Ich kann mit in den Spiegel gucken, auf alles achten, vorausschauend sein (nach dem Motto: Vier Augen sehen mehr als zwei!), ich kann ein wirklich guter Beifahrer sein – aber das Fahrzeug führt der Fahrer. Ich kann das Bodenblech durchdrücken und versuchen, zu bremsen, so wie es viele Menschen tun, die ich kenne, und sich damit die ganze Fahrt versauen. Denn wir sitzen nicht in einem Fahrschulwagen, wo es eine zweite Bremsvorrichtung gibt. In unserem Auto fährt das Leben. Wir können mit auf die Geschwindigkeitsbegrenzung achten, auf Verkehrsschilder hinweisen, den Verkehr im Blick haben, aber ändern können wir durch ständiges Geschnatter und Gemeckere nur wenig, denn wenn das Leben meint, es würde gerne mal das Tempolimit überreizen und den Tacho mal so richtig glühen lassen, dann sollten wir angeschnallt sein und uns hingeben.

GANG RAUS UND *rollen* LASSEN!

Das Gute daran ist, dass wir uns auf diese Weise auch über den Stau, über den Regen, über Gaffer und über Gott und die Welt aufregen können und trotzdem an unser Ziel kommen. Wir können aus dem Fenster schauen, uns die Sonne ins Gesicht scheinen lassen und mit einem kleinen, zufriedenen Lächeln einfach mal wegdösen und die Sicherheit und Geborgenheit unserer Autofahrt genießen. Wir können es uns auf unserem Sitz gemütlich machen, das Radio einschalten, unsere Playlists abfeuern, dabei schreien, laut mitsingen (das empfehle ich dringend!), weinen, mal richtig „abspacken" und den anderen auf der Autobahn und unserem Wagenführer oder unserer Wagenführerin mal eine ordentliche Show bieten. Am Ende kommen wir trotzdem an und haben keinen Unfall gebaut, sondern unterwegs vielen Menschen auf der Straße ein Lächeln ins Gesicht gezaubert oder sie ins Staunen versetzt. Geben wir uns der Autofahrt des Lebens hin, dann können wir sie einfach mehr genießen.

LOSLASSEN BRAUCHT MUT

Für wen klingt das jetzt beruhigend? Vielleicht schreist du jetzt laut oder nur innerlich: „Hier!" Dann freut es mich, dass dir dieses Bild für unsere „Fahrt des Lebens" gefällt und es dir einen Aha-Moment beschert hat. Denjenigen – und ich bin mir sicher, dass es da draußen viele von euch gibt –, die sich jetzt als Opfer und ihrem Schicksal ausgeliefert fühlen und denen das viel zu willensstarke Leben am Steuer Angst macht, versichere ich: Ich kann euch mehr als verstehen! Auch ich habe den Gedanken, bis ich 28 Jahre alt war, nicht in mein Leben gelassen. Und auch innerhalb der letzten zehn Jahre habe ich immer wieder ordentliche Rückschritte gemacht, phasenweise versucht, mein Leben wieder ganz alleine und völlig autonom zu steuern, ohne das „olle Leben" neben mir, das die Richtung vorgibt.

Es hat zeitweise auch immer wieder gut geklappt, aber immer nur bis zu einem bestimmten Punkt. Nämlich dem Punkt, an dem man merkt: Diese Tür geht einfach nicht auf. Zumindest von dieser Seite nicht, oder vielleicht noch nicht. Auf meiner Couch liegt ein Kissen, das ich mir kürzlich in einer meiner Lieblingsstädte, New York, gekauft habe, und es erinnert mich täglich daran, loszulassen und mich dem Fluss des Lebens hinzugeben. Auf dem Kissen steht der Satz: *If it doesn't open, it's not your door.* Dieses Hingabe-Kissen musste ich mir einfach in meinen ohnehin schon viel zu prallen Koffer quetschen, weil ich es so großartig finde. Es hat mich daran erinnert, was alles in meinem Leben passiert ist, oder besser: was endlich passieren konnte, als ich die Zügel mal losgelassen habe und mit dem Leben durch die Prärie galoppieren konnte. Das Kissen erinnert mich daran, wie sehr ich es immer und immer versucht habe, mich durch Fleiß, Arbeit, Schweiß und Tränen durchzukämpfen, und nicht weiterkam. Und es erinnert mich daran, dass – seitdem ich dem Prinzip Hingabe folge – alles zu mir kommt, was ich mir je erträumt habe. Und ehrlich gesagt, noch viel mehr als das.

KAPITEL 2

MEIN WEG ZUR HINGABE

Genau vor zehn Jahren wurden mein Leben und all meine Pläne, wie dieses zu laufen hat, komplett über den Haufen geworfen. Seit meinem fünften Lebensjahr hatte ich nur den einen Traum, auf den Bühnen dieser Welt zu stehen und zu singen. Mit siebzehn Jahren machte ich einige große Schritte und schraubte aktiv an meiner Karriere, bis sich die ersten Plattenverträge und Erfolge in den Charts einstellten. Natürlich habe ich damals geglaubt, mich meinem Traum zu singen wirklich hinzugeben, aber mit dem, was ich heute unter Hingabe verstehe, hatte das nicht viel zu tun. Denn ich hatte die Zügel immer so fest in der Hand und arbeitete so zielstrebig, dass nichts von dem passieren konnte, was das Leben mit mir vorhatte. Stattdessen lebte ich wie in einem Tunnel, hörte und sah nichts um mich herum und folgte nur den Prinzipien, die ich verinnerlicht hatte: „Wer nicht blutet, hat sich nicht angestrengt", „Du musst kämpfen, um an dein Ziel zu kommen!", oder: „Du musst härter sein als der Schmerz!". Das konnte ich gut und wurde nach Erfolgen in einer TV-Gesangsshow Schritt für Schritt zu einer „Popstar-Maschine" erzogen. Als Model übte ich dann außerdem, zu lächeln und zu funktionieren, und als mein erstes Album dann auf den Markt kam, lernte ich, mich perfekt zu vermarkten und Menschen glücklich zu machen.

Das klingt jetzt alles sehr „böse", war es natürlich nicht nur. Ich habe es geliebt und würde keine dieser Erfahrungen missen wollen. Es war ja mein

Traum. Ich schildere hier nur, was mir im Nachhinein bewusst geworden ist. Es war meine Programmierung. Meine einzige. Wir Menschen drehen buchstäblich durch, wenn wir mit dem Rücken zur Wand stehen. Wir brauchen Wahlmöglichkeiten. Die hatte ich damals nicht oder ich wollte und konnte sie nicht sehen. Ich wollte alles festhalten, kontrollieren und mich nicht dem Unaufhaltbaren hingeben. Mein Körper und meine Seele befanden sich im permanenten Alarmzustand, um den Traum unter allen Umständen weiterzuführen, und bald stellte sich das traurige, unausweichliche Ergebnis ein: Ich hatte einen totalen körperlichen und psychischen Breakdown und musste das so hart Erarbeitete loslassen. Meine Erfolg versprechende Karriere als junger Sänger stand vor dem Aus. Außerdem hatte ich meine erste Beziehung nach fünf langen Jahren endlich beendet. Ich trennte mich von meinem Management und dem Rest meines Teams und fand mich im Krankenhaus wieder.

AM SCHEIDEWEG

Schmerzlich musste ich in den folgenden Wochen und Monaten lernen, was wahre Hingabe bedeutet. Wie ich das schaffte und meine mentale Gesundheit wiederfand, kann ich heute in meinen

Tagebucheinträgen von damals nachlesen. Nach meinem Zusammenbruch fasste ich den Entschluss, den Jakobsweg zu gehen. Denn dass ich mein Leben ändern musste, hatte mein Körper mir allzu deutlich gezeigt. Ich wusste nur noch nicht, wohin mich das führen würde. Mittendrin in der Negativspirale meines Lebens schrieb ich:

„Jetzt liege ich hier also wieder auf meinem Bett und starre zur Decke. Ich habe meinen vierten Hörsturz. Meinen vierten Hörsturz in vier Wochen! Dass das jedes Mal ein kleiner Herzinfarkt ist, habe ich mittlerweile verdrängt. [...] Mit achtundzwanzig Jahren befinde ich mich an einem Punkt in meinem Leben, an dem ich noch nie war und an dem ich nie wieder sein möchte. Trotzdem fühlt es sich nicht schlecht an. [...] ich erhalte eine SMS von einer guten Freundin. „Verzeihe dir und anderen!", steht da drin, „Akzeptiere, was geschehen ist – Freitag geht es los!" Sie meint meine Reise nach Saint-Jean-Pied-de-Port, den Startpunkt meiner Wanderung auf dem Jakobsweg, und sie hat Recht! [...] Im Moment würde ich am liebsten in einem grauen Kasten mit einer grauen Innentür sein, bei der die Klinke abgefallen ist. Bis Freitag wäre ich da gerne drin. Und dann nur noch laufen, laufen, laufen. Gerrit suchen, Gott suchen, Lösungen, Auswege, mein Leben wiederfinden." (9. Oktober 2011)

Von Hingabe wusste ich damals noch nichts. Es ist nicht einfach, Gewohnheiten aufzugeben, selbst wenn man schon mitten in einem

Veränderungsprozess steckt, der einem den Boden unter den Füßen wegzieht.

In meiner täglichen Arbeit mit Menschen habe ich immer vollstes Verständnis, wenn sie sich an einem Scheideweg befinden und nicht wissen, wie sie einen Fuß vor den nächsten setzen sollen. Es gibt diese Momente im Leben und sie lassen sich nicht planen, sondern passieren einfach. Meist zu den ungünstigsten Zeitpunkten. Ich kann mich noch gut daran erinnern, dass ich einmal einen großen Auftritt hatte und schon vorher merkte, dass ich einen Hörsturz bekommen hatte. Mir war schlecht, schwindlig und ich wollte mich einfach nur irgendwo verstecken. Nach dem Auftritt stand ich selbstverständlich noch für Selfies und Autogramme zur Verfügung. Lächeln, weitermachen und niemanden merken lassen, wie es dir geht. Das war der Job, das war das, was ich gelernt hatte. Als ich wieder in Oldenburg ankam, ging ich sofort ins Krankenhaus. In dendarauffolgenden Wochen erlitt ich fünf weitere Hörstürze, bis fünfzig Prozent meines Gehörs kurzzeitig außer Gefecht gesetzt waren.

WEITERMACHEN IST KEINE OPTION

Ich weiß nicht, aus welchen Gründen du dieses Buch in den Händen hältst. Ich hoffe nicht, dass du mit dem Rücken zur Wand stehst wie ich vor zehn Jahren. Aber vielleicht sendet dir dein Körper bereits deutliche Signale und zeigt dir, dass er in eine andere Richtung laufen möchte. Vielleicht siehst du dich aber noch nicht in der Lage, Veränderungen umzusetzen, weil Gewohnheiten dich bremsen. Dann kann ich dir nur Hoffnung machen. Du wirst es schaffen, einen neuen Weg zu finden und Altes hinter dir zu lassen. Dafür braucht es hoffentlich keinen Hörsturz wie in meinem Leben. Dafür braucht es aber ein neues Bewusstsein und Zeit, sich neu zu orientieren. Es braucht Einkehr und den Mut, sich dem Abenteuer Hingabe zu stellen.

MANCHMAL
MÜSSEN WIR DAS,
WAS WIR AM MEISTEN LIEBEN,
HINTER UNS LASSEN,
UM DIE BESSERE VERSION
unseres Lebens
ZU FINDEN.

So ging es mir mit meiner Karriere als Sänger. Singen ist mein Leben, meine einzige Option, so dachte ich damals. Als ich mich von meinem Team getrennt hatte, zeigte eine andere große Plattenfirma Interesse an mir und ich wollte nichts lieber tun, als gleich weiterzumachen. Aber mein gesundheitlicher

Zustand und auch mein innerer Kompass hinderten mich daran, mich auf die nächsten Schritte einzulassen. Ich konnte nicht singen, alles in mir sträubte sich dagegen. Mir wurde schlecht, wenn ich Musik hörte, meine angeschlagenen Ohren konnten es nicht ertragen. Der Wunsch war riesengroß, aber es ging einfach nicht. Damals schrieb ich in mein Tagebuch:

„Gestern musste ich den langersehnten Studiotermin für mein neues Album absagen. Fiel mir schwer, bei meiner noch-nicht-ganz-aber-doch-schon-irgendwie-Plattenfirma anzurufen. Hatte verbindlich zugesagt und meine Tickets für die Bahn und die Reservierung vom Hotel schon bekommen und nun musste ich absagen! Seit März fiebere ich darauf hin. Auch ein Grund für meine Verfassung. Dieser ständige zermürbende Gedanke, ob sie es ernst mit mir meinen oder nicht. Ob sie Wort halten oder mal wieder nicht. Schrecklich, sein Schicksal immer in die Hände anderer legen zu müssen. Das tue ich jetzt seit meinem siebzehnten Lebensjahr. Anscheinend zu lang für meine Ohren, für mich und mein Leben." (11. Oktober 2011)

Wenn ich heute diese Zeilen lese, weiß ich, dass mein Leben etwas anderes mit mir vorhatte. Ich musste das Alte loslassen, innehalten und mich der Zukunft anvertrauen. Damals gab ich mich diesem Zustand unfreiwillig hin, gleichzeitig war es meine erste wichtige Lektion in Sachen Hingabe.

KAPITEL 3

PILGERN UND BUSFAHREN

Wenn man Berichte über den Jakobsweg hört oder liest, sind das oft regelrechte Heldengeschichten, die sich auf den über 800 Kilometern ereignen, während der Wanderer unterwegs – quasi im Vorbeigehen – den Sinn des Lebens findet. Auch ich bin aus diesem Grund gestartet. Ich wollte Großes erleben, mein Leben neu ausrichten. Pustekuchen! Wenn man die beste Party plant, die es je gegeben hat, dann geht das meistens in die Hose, oder? Die richtig guten Partys sind die, die zufällig entstehen. Mein Jakobsweg half mir, ganz ohne Zweifel. Aber auf eine andere Weise, als ich es erwartet hatte. Die Reise half mir dabei, von nun an Hingabe in mein Leben zu integrieren.

Die Geschichte beginnt damit, dass ich in dem weltbekannten französischen Örtchen Saint-Jean-Pied-de-Port auf meinen Jakobsweg startete. Fest entschlossen stand ich am ersten Tag um halb sechs auf, denn es sollte die Pyrenäen rauf- und wieder runtergehen. Der Marsch forderte recht schnell seinen Tribut. Bereits am zweiten Tag fingen meine Knie und Fußgelenke an, sich zu entzünden. Das passiert laut Pilgerführer, wenn man nicht genug trainiert hat und dann dreißig Kilometer am Stück mit elf Kilo Rucksackgepäck läuft. Wenn ich heute meine Tagebucheinträge lese, sehe ich, wie sehr ich mir damals gewünscht habe, wieder zu funktionieren. Gleichzeitig erkenne ich, dass es nicht meine Aufgabe war, den Weg wie eine geölte Maschine zu bewältigen, im Gegenteil. Ich ging auf den Jakobsweg, um zu heilen. Ich dachte, dass das Laufen mich heilen würde. Wieder ein Plan, wieder Kontrolle, wieder eine Erwartung, wie das Leben zu sein hat. Stattdessen lernte ich auf dem Weg, was es bedeutet, wenn alles anders kommt.

„Ich bin in Zubiri. Ich musste den Bus nehmen, weil mein Knie trotz Bandage und Schmerztablette so wehtut, dass ich es kaum aushalte. Habe mir ein Zimmer in einem Hostel gegönnt. Ich habe es hier schön, ein Bad für mich, die Sonne scheint, der Himmel ist blau, die Vögel zwitschern … und ich bin total frustriert. Den Bus genommen zu haben fühlt sich als Pilger beschissen an. Eigentlich könnte ich stolz auf mich sein, hab mich mal nicht gequält, mir stattdessen was gegönnt und sollte das nun genießen. Aber ich kann es nicht. Alle anderen laufen. Ich sage mir die ganze Zeit: Du bist kein schlechterer Pilger oder Mensch, weil du dir 19 Kilometer mit dem Bus gegönnt hast. Es war gut und mutig, das zu tun. Das soll ich wohl heute lernen. Du bist, was du bist, nicht das, was du machst oder leistest. Harte Lektion." (17. November 2011)

Im Buddhismus heißt es, Leiden entsteht durch Nicht-Verstehen. Das musste ich damals lernen. Ich litt und verstand es nicht, oder ich verstand alles nicht und musste deshalb leiden. Ich befasste mich zu dieser Zeit viel mit dem Buddhismus und meinem eigenen Glauben. Ich hatte vor Kurzem mein Theologie- und Musikwissenschaftsstudium abgeschlossen. Durch das Studium hatte sich mein Glauben verändert. Er war stärker geworden, weil er ein Fundament bekommen hatte. Die Kraft, die der Glaube auf mich ausübte, war immens. Als Coach arbeite ich heute überkonfessionell, sehr wichtig sind mir immer noch die Grundbotschaften aller Weltreligionen: Liebe und Zuversicht. Sie sind es, die uns Menschen am Leben erhalten, auch in stürmischen Zeiten, sie machen uns resilient. Damals brauchte ich aber aus irgendeinem Grund mehr und beschäftigte mich deshalb auch mit den Grundlagen des Buddhismus. Vielleicht ist es kein Zufall, dass auf diese Weise die Hingabe in mein Leben einzog. Denn wenn eine Weltreligion Hingabe „fordert" oder besser „empfiehlt", dann ist es für mich der Buddhismus. Ich war damals noch weit davon entfernt zu verstehen, aber ich war auf meinem Weg und sollte in den kommenden Wochen lernen, was es heißt, sich dem Leben noch mehr hinzugeben.

TIEFKÜHLERBSEN UND AUFRÄUMEN

Auf meinen Weg durch Nordspanien haderte ich jeden Tag damit, dass ich wegen meiner Entzündungen wiederholt den Bus nehmen musste und lief immer mal wieder fest entschlossen los, bis ich schließlich einen körperlichen Zusammenbruch erlitt und in einem spanischen Krankenhaus landete.

Es folgten elf Tage, in denen ich mit Tiefkühlerbsen auf meinen Knien in einer Pilgerunterkunft mitten in der spanischen Pampa pausieren musste. Elf Tage in einem Hochbett, mit täglich wechselnden Mitschläfern, die abends kamen und am nächsten Morgen wieder aufbrachen. Während ich Eisbeutel auf meinen Knien verteilte! Das war ein hingebungsvoller Aufschlag auf dem Boden der Tatsachen. In diesen Tagen füllte ich unzählige Seiten meines Tagebuchs und arbeitete mein gesamtes Leben auf. Was konnte ich sonst auch tun? Ich verstand in dieser Zeit, dass mein Weg darin bestand, mit mir allein zu sein. Mein Jakobsweg bedeutete Einkehr statt Kilometer machen. Ich sollte aufräumen in meinem inneren Kinderzimmer, in meinem Jugendzimmer und in meinem jungen Erwachsenenhaushalt. Ich sollte mich wieder mir selbst zuwenden und das, was ich vergessen hatte, wieder in den Fokus rücken: meinen Körper, meine Gefühle und meine Bedürfnisse. Deshalb war es irrelevant, ob ich lief oder nicht. Ich konnte genauso gut in irgendeinem Hochbett oder auf den unzähligen Busfahrten durch Spanien in Richtung Santiago de Compostela heilen. Ich musste es nehmen, wie es kam. Zum ersten Mal musste ich wirklich annehmen, was für mich nicht annehmbar war, ganz einfach, weil mein Körper es so wollte und das Leben mich an diesen Punkt gebracht hatte.

Natürlich war mir das während der elf Tage mit Tiefkühlerbsen auf den Knien nicht so bewusst wie heute in der Retroperspektive. Während ich stundenlang irgendwo in der spanischen Provinz an einer Bushaltestelle saß und wartete, haderte und stritt ich immer wieder mit mir, Gott und der Welt und hatte viele Kämpfe auszufechten. Auch heute noch muss ich manchmal tief durchatmen, um dazu zu stehen, dass ich den Jakobsweg zwar gelaufen bin, jedoch nur ungefähr 200 Kilometer des über 800 Kilometer langen Weges. Aber ich bin den Weg gelaufen, mit den Beinen, mit meinem Kopf, mit meiner Seele und mit dem ganzen Gepäck, das das Leben mir mitgegeben hat. Schließlich kam ich in Santiago de Compostela an. Heute kann ich sagen, dass ich dorthin geführt wurde. Denn als ich irgendwann vor einem magischen Ort stand, einer Pilgerunterkunft, die auch noch *Heavenly Kingdom* hieß, wurde das Ende meiner Reise eingeläutet. Ich war der einzige Gast vor Ort und traf dort eine kluge Frau, die mir folgenden Rat gab: Sie sagte, es sei nicht wichtig, wie ich nach Santiago komme, es sei nur wichtig, dass ich meinen Weg dort beende. Und sie schlug mir vor, am nächsten Tag mit dem Bus zum sagenumwobenen *Cruz de Ferro* zu fahren, einem wichtigen Ort für Pilger, um dort meine mitgebrachten Sorgen in Form von kleinen Steinen niederzulegen. Ein typisches Ritual aller Jakobswegpilger. Ich machte es genauso, besuchte das eiserne Kreuz (*Cruz de Ferro* übersetzt) und fuhr dann mit dem Bus Richtung Santiago de Compostela. Durch unfassbar viele hingebungsvolle und wegweisende

Verkettungen günstigster Umstände, so nenne ich es hier mal, um das Wort Wunder nicht überzustrapazieren, schaffte ich es dort in den Abschlussgottesdienst. Meine Reise war beendet. Ich fühlte es. Ich gab mich hin. Und das zum ersten Mal seit vielen Jahren. Auf einmal ging alles ganz leicht, seit ich im *Heavenly Kingdom* im wahrsten Sinne des Wortes dem „himmlischen Königreich" einfach mal zugehört hatte.

Zurück in Deutschland fühlte ich mich klarer und leerer als je zuvor. Es war an der Zeit mich dem hinzugeben, was das Leben mit mir vorhatte. Auf einmal hörte das Leiden auf, auf einmal hörten die Schmerzen auf, die Quälerei, der Kampf, die Flucht, das Überleben. Und übrig blieb Erleichterung, Leichtigkeit und das Gefühl, angekommen zu sein. Ich fühlte mich wie ein Glas, das nun befüllt werden konnte. Ich war endlich einmal leer, und zwar ohne Plan und ohne Ideen, wie es weitergehen sollte, aber auch frei von den toxischen Substanzen, die mein Glas gefüllt hatten. Ich hatte kein Geld mehr, keine Karriere, keine Beziehung und keine Ahnung, was ich mit meinem Leben nun anfangen sollte. Es war nicht unbedingt schön für mich, fühlte sich aber neu an.

PLATZ FÜR EINEN NEUEN ANFANG

Nach meiner Rückkehr aus Spanien und der Durchtrennung fast aller toxischen Seilschaften in meinem Leben, stand in meinem leeren Terminkalender ein letzter Auftritt: ein Charitykonzert namens „Cover me" von und mit dem fantastischen Dirk Bach, der zum wiederholten Mal zugunsten der Aidshilfe Spenden sammeln wollte und dafür Kollegen aller Sparten der Entertainmentbranche zusammenbrachte. Ich hatte keine Ahnung, dass dieses Event mein Leben nachhaltig verändern sollte. Der große Abend näherte sich und ich konnte den letzten künstlerischen Funken mobilisieren und performte ganz ordentlich meine Gruppensongs und mein Solo. Am nächsten Tag stand die Heimreise in mein kleines norddeutsches Dorf an, doch dann ermutigten mich die Begegnungen und Gespräche mit den Kollegen dazu, dem Leben einen Deal vorzuschlagen. Bereits in Oldenburg hatte ich als Vocalcoach zwei Jahre Erfahrung sammeln dürfen. Nun fragten mich einige Kollegen, ob ich ihnen gesanglich helfen könne. Ich beschloss, die ersten zwei Bewerbungen meines Lebens rauszuschicken. Schon ein paar Tage später zeigte die Kompassnadel in Richtung Köln, wo ich eine Stelle als Coach für Popgesang und Performance annahm und in eine kleine Wohnung zog, um ein neues Leben zu beginnen. Im Rückblick nenne ich diese Zeit meine

„Tomaten-Mozzarella-Phase", denn viel mehr als diesen italienischen Klassiker konnte ich mir damals nicht leisten. Aber ich hielt durch, folgte dem Plan, den das Leben für mich hatte, erholte mich langsam auch körperlich und lernte, ein guter Coach zu sein. Ich entdeckte ungeahnte Seiten an mir und konnte vielen Kollegen und jungen Talenten, darunter vielen Frauen, dabei helfen, sich durch die Arbeit mit ihrer Stimme und durch das Singen besser, wohler und glücklicher zu fühlen.

Bald merkte ich, dass meine Klienten durch die Arbeit mit Musik und Stimme ermutigt wurden, in ihrem Leben Veränderungen zu wagen und mutiger, selbstbewusster und resilienter wurden. Heute weiß ich, dass das Singen und die Beschäftigung mit der Stimme ein neues Bewusstsein schafft, eine neue Körperlichkeit – schlicht und einfach Hingabe. Wer einmal erfahren hat, was das Singen und das richtige Atmen vollbringen kann, der wird mir zustimmen. Mein Ansatz brachte viele Glaubenssätze zum Vorschein, derer sich die Personen vor mir nicht bewusst waren, und gemeinsam arbeiteten wir daran, destruktive Annahmen, Traumata, Schmerzen und Verletzungen ans Licht zu bringen, sie auszusprechen und zu entmystifizieren. Darum ging und geht es heute noch bei meiner Arbeit – und das ist das, was mich befriedigt und glücklich macht. Nie hätte ich einige Jahre früher, als ich noch den Chartplatzierungen hinterherlief, gedacht, dass ich mal auf dem Feld der Persönlichkeitsentwicklung tätig sein würde. Dass ich Bücher schreibe, mit Unternehmen zusammenarbeite, als Anthropologe tätig und trotzdem der Entertainmentbranche treu geblieben bin, ist eine der großen Überraschungen in meinem „Leben in Hingabe“. Alles kann passieren, das weiß ich nun. Auch privat habe ich mein Glück gefunden. Mit meinem Umzug nach Köln änderte sich vieles. Dazu passend lernte ich am 1. Februar jemanden kennen, zunächst „jemanden“. Nach zehn Jahren Beziehung weiß ich heute, dass es nicht jemand war, sondern die so oft gesuchte „große Liebe“. Nur durch absolute Hingabe war das möglich. Warum? Wenn man mit seinen gefühlt letzten zwei Euro am 10. Februar nach Köln ziehen will, und noch am 1. Februar jemanden in Bremen datet, der aus München kommt, dann ist das eigentlich für zwei junge Männer ohne finanzielle Mittel ein Knock-out. Siebenhundert Kilometer, keine Kohle, neues Leben, völlige Planlosigkeit, aber irgendwie haben wir es geschafft, mit ordentlich Höhen und auch Tiefen, ohne Plan und Kontrolle. Heute sind es zehn Jahre voller Hingabe, die wir beide in unsere Beziehung investieren.

KAPITEL 4

DAS STREBEN NACH GLÜCK UND ANDERE EINBAHN-STRASSEN

Ich weiß nicht, wie viele Bücher es auf dem Markt gibt, die uns versprechen, durch ihre Lektüre endlich dem Glück habhaft werden zu können. *Glücklich in zwei Minuten* oder *So werden Sie glücklich* prangt es auf den Buchcovern. Und da wir natürlich alle glücklich sein wollen, nimmt die Anziehungskraft dieser Bücher nicht ab. Schon immer streben wir Menschen danach, das Glück zu finden und das Leiden zu mindern. Die Philosophie des Glücks ist eine Richtung der Philosophie, die sich dem Ursprung, der Natur und den Wegen zur Erlangung des Glücks bzw. der Glückseligkeit (altgriechisch εὐδαιμονία *eudaimonía*) widmet. Sowohl die klassische westliche Philosophie der Antike als auch die östliche Philosophie beschäftigen sich seit ihrem Entstehen mit diesem Thema. Daran ist auch nichts, rein gar nichts verwerflich. Ganz im Gegenteil, auch ich würde gerne weiter an den Mechanismen des Glücks herumschrauben. Doch so leicht geht es leider nicht. Es ist eben kein Diplom, das man absolvieren kann, sondern eher eine Forschungsreise, die ein Leben lang andauert. Deshalb ist das tagtägliche Streben nach Glück aus meiner Sicht eher eine Sackgasse. Es macht uns sogar unglücklich und stiehlt uns unsere kostbare Lebenszeit.

Stellen wir uns eine Glücksskala von null bis zehn vor, dann würden wir quasi permanent versuchen, die Zehn zu erreichen und vor allem, diese auch zu halten. Das würde bildlich gesprochen einem lebenslangen Dauerlauf gleichkommen oder einem Versuch, 365 Tage im Jahr vierundzwanzig Stunden am Tag auf der Jagd zu sein. Das bedeutet Stress, und zwar nonstop. Damit will ich nicht sagen, dass wir nicht versuchen sollten, ein mit Freude gespicktes Leben zu führen und ordentlich Rosinen abzubekommen. Ich liebe es, glücklich zu sein, mich glücklich zu fühlen, wie wir alle. Und ich liebe Rosinen. Aus diesem Grund habe ich dieses Buch geschrieben, weil ich glaube, dass wir mithilfe von Hingabe das Glück jeden Tag finden können, anstatt ihm hinterherzujagen. Es ist ja da, überall um uns herum, in jedem Moment. Nur haben wir keine Zeit oder verlernt, es zu sehen.

GLÜCK BRAUCHT RAUM

Wir alle haben Träume und Visionen, wohin unser Leben uns führen könnte. Wenn wir den Weg dahin nicht zementieren, gewinnen wir unglaublich viel. Wir können es rollen lassen und erleben, wie glücklich ein Leben im Fluss sich anfühlt. Auf dem Weg zu unseren Zielen werden sich ganz wunderbare Dinge ereignen, die irgendwo auf uns warten und die wir mit einem genauen Fahrplan nicht erreichen würden. Mein eigener Weg ist ein Beispiel für eine verbissene Striktheit, seinem Lebensweg zu folgen, denn für mich gab es nur ein Motto: *all or nothing*. Meine ganze Jugend und als junger Erwachsener habe ich die Disziplin aufgebracht, täglich an meiner Stimme zu arbeiten, zu trainieren, ich bin zu Castings gefahren, habe nebenher gejobbt, um mir alles finanzieren zu können, habe Tanz- und Performancestunden genommen und auf Besuche in Clubs verzichtet, da der Rauch meiner Stimme hätte schaden können. Ich habe geglaubt, dass Beziehungen und andere Ablenkungen mich nur von meinem Ziel abbringen würden und dass ich bluten und schwitzen müsste, um ein Popstar zu werden. Das war es, was mir die Freude auf dem Weg zum Ziel wirklich nahm. Nicht der Weg an sich. Ich möchte das Wort „bereuen" nicht gerne in den Mund nehmen, aber etwas wehmütig schaue ich schon auf meine Jugend zurück. Denn ich habe kaum Erinnerungen an Glück und Freude, an normale Dinge wie tanzen zu gehen, eine Nacht durchzumachen, erste Liebschaften oder an Versuche, sich als junger Mensch zu finden und mal vermeintlich unvernünftige Dinge zu tun. Stattdessen folgte ich eisern der Kompassnadel, nur um nicht vom Weg abzukommen. Natürlich habe ich dadurch auch viel gelernt, ich bin ein richtig guter Sänger geworden und *finally* in der Entertainmentindustrie angekommen. Aber im Rückblick glaube ich, dass es auch anders gegangen wäre. Wenn wir wissen, was wir wollen, und trotzdem offen, neugierig und flexibel auf die Reise gehen, dann kommen wir auch an. Ich veranschauliche das gerne durch den Vergleich einer digitalen Navigation mit einer guten alten Straßenkarte: Beide führen uns letztendlich ans Ziel. Das

Navi warnt uns vor Gefahren und Staus, weist uns auf Abkürzungen hin, berechnet auf die Minute genau und zuverlässig die schnellste Strecke und lässt uns zielsicher und fast schon stoisch fahren.

Die Karte hingegen birgt einiges an Konfliktpotenzial, aber sie liest sich individuell und jeder sucht sich die Strecke aus, die ihm oder ihr zusagt. Auf dem Weg zum Ziel biegt man vielleicht mal zu früh ab, fährt aber unter Umständen auch an wunderschönen Landschaften vorbei, entdeckt Orte, die man mit digitaler Führung nie erreicht hätte, hält womöglich auf einer Landstraße an einem süßen, kleinen Gasthof an und gönnt sich ein Stück hausgemachten Kuchen. Unter Umständen fragt man ein paar Leute nach dem Weg, wenn die Karte genau an der Stelle einen Knick hat, und erfährt vielleicht auf diese Weise, dass gleich zwei Straßen weiter das alljährliche Dorffest stattfindet, das man nicht verpassen sollte. Dann fährt man gemütlich weiter, oder entscheidet sich, noch eine andere Pause einzulegen, weil es doch eigentlich gar nicht immer darum geht, am Ziel anzukommen, sondern um den Weg dorthin, oder?

WAS DU NOCH ÜBER GLÜCK WISSEN SOLLTEST

Unser Streben nach Glück bringt uns auch aus anderen Gründen nicht weiter, denn es vernachlässigt schlicht unsere Natur. Wir können nicht dauerhaft Glücksgefühle empfinden, es funktioniert einfach nicht. Nehmen wir einmal an, Glück wäre für mich, jeden Tag spazieren zu gehen und Pommes zu essen. Und genau das würde ich dann jeden Tag tun. Mit Sicherheit wäre ich nach einem Monat nicht mehr glücklich. Im Folgenden möchte ich dir eine kleine Geschichte über Glück und Hingabe erzählen, eigentlich ist es eine Szene aus einem meiner absoluten Lieblingsfilme *Unter der Sonne der Toskana* – einem Meisterwerk in Sachen Hingabe. Die Geschichte geht so: Ein Mädchen macht sich auf den Weg, um Marienkäfer zu suchen. (Haben wir das nicht alle früher mal gemacht? Bewaffnet mit einem Marmeladenglas unterwegs im Garten?) Das Mädchen ist den ganzen Tag unterwegs und findet keinen einzigen der schwarz-roten Krabbeltiere. Entmutigt setzt sie sich ins Gras und beschließt, eine Pause zu machen und die Sonne zu genießen. Sie döst mitten auf der Wiese ein ... und als sie wieder wach wird, ist sie übersät von Marienkäfern, sie sich auf ihrem Körper niedergelassen haben. Voll kitschig, sagen jetzt vielleicht manche. Irgendwie schon, aber auch ein Lektion fürs Leben. Nicht suchen, sondern finden lassen, sich für etwas einsetzen, aber auch innehalten und loslassen können. Und nicht versuchen, es in ein Marmeladenglas zu sperren. Dann kann das Glück kommen, dann werden wir beschenkt. Es funktioniert nur so, meiner Erfahrung nach.

Denn unser ewiges Rudern, Suchen und Ziehen bewirkt sonst, dass wir uns aus dem Einzigen herausbewegen, das Bestand hat und das wir zu hundert Prozent beeinflussen können: das Hier und Jetzt. Es gibt keine Alternative. Wir können unsere Vergangenheit nicht verändern, wie sehr wir es uns auch wünschen. Es ist so, als würden wir versuchen, die vergossene Milch wieder in die Flasche zu bekommen. Aber wir können unsere Gegenwart beeinflussen, auch wenn sie uns übermächtig und groß erscheint, weil wir den Druck der Unveränderlichkeit spüren. Die Gegenwart ist bald schon wieder Vergangenheit, und genau von diesem Fakt lassen sich manche lähmen. Sie beschäftigen sich lieber mit dem Gestern oder träumen sich in eine imaginäre Zukunft, statt sie im gegenwärtigen Augenblick zu erschaffen. Folgendes können wir uns klarmachen:

NICHT DIE GRÜNDE,
WARUM WIR GLÜCKLICH SIND,
MACHEN UNS GLÜCKLICH.
Es ist die Möglichkeit, Glück
IN UNSER LEBEN ZU LASSEN,
DIE UNS GLÜCKLICH MACHT.

Glück ist demnach also keine Verkettung von günstigen Umständen, sondern eine Entscheidung, oder was denkst du? Und Hingabe ist die Haltung, die sich dem Glück öffnet, sozusagen eine spaltbreit offene Tür, durch die das Glück hereintreten kann.

DIE KUNST DES GLÜCKLICHSEINS

Jeden Tag erlebe ich, wie Menschen versuchen, das Glück festzuhalten oder mehr davon zu „produzieren", am liebsten wie am Fließband. Ich selbst wollte jahrelang ausschließlich glücklich sein. Es ist ja auch wirklich verständlich, das erreichen zu wollen. Aber es macht sehr müde. Ganz einfach, weil wir eben nicht immer glücklich sein können. Es ist aber trotzdem möglich, ein glückliches Leben zu führen: Nehmen wir wieder unsere Glücksskala zur Hilfe: Stellen wir uns vor, dass wir bei einer Acht ein glückliches Leben führen würden. Dann brauchten wir ja nicht ständig zu versuchen, die Zehn zu erreichen, sondern nur *ab und zu*. An Gala-Tagen, an denen einfach alles perfekt ist. Daneben gäbe es auch Tage, die nur eine Fünf oder eine Sechs bekommen, aber der Durchschnittswert läge immer noch bei der Acht. Wir könnten versuchen, die Sechs nicht mehr zu unterschreiten, das wäre ein sinnvolles Anliegen. Es würde bedeuten, dass wir die Dinge eliminieren, die uns richtig runterziehen und uns in einem Zustand des Mangels gefangen halten.

Das Leben wird immer wieder mit Herausforderungen aufwarten, ob diese sich in unserem eigenen kleinen Leben abspielen oder ganze Gesellschaften betreffen. Krankheit, Trennung, finanzielle Sorgen, Kriege, Epidemien und andere globale Krisen werden ihren Teil dazu beitragen, dass wir nicht zu hoch fliegen. So ist das eben mit dem Leben. Wir können besser darin werden, Zehnen herbeizuführen, und trotz allem wird es Tage geben, die eher einer Sechs oder Vier gleichkommen. Aber wenn wir die Acht oder vielleicht die Achteinhalb als Maßstab für unser eigenes Glück anlegen, dann haben wir doch schon ziemlich viel erreicht, findest du nicht? Im Coaching arbeite ich mit Klienten genau daran. Das eröffnet Wahlmöglichkeiten, denn wir merken, dass wir eine Chance haben.

Durch Hingabe können wir lernen, das Glück als einen Kompass zu nehmen, der uns leitet, mehr und mehr von dem zu tun, was uns erfüllt, ohne jemals ganz darin aufgehen zu können. Wir können weder den Erdbeerbecher an einem wunderschönen Julitag festhalten noch den perfekten Urlaub oder den romantischsten Moment mit unserem Partner. Wir können uns diesen Momenten aber ganz und völlig hingeben und dann weitermachen. Wie eine Uhr, die immer weitertickt. Immer und immer weiter, bis sie eines Tages stehenbleibt.

Glück
IST ÜBERALL DA,
WO WIR SIND.

KAPITEL 5

WARUM ES REICHT ZU REICHEN

Dich irritiert die Überschrift? Das verstehe ich gut. Zu reichen oder zu genügen ist in einer Welt voller Optimierungswahn und in einer Kultur, in der alles immer schneller, höher, besser und bequemer werden soll, nicht gerade ein Match. Genug zu sein und genug zu haben klingt in unseren Breitengraden eher nach einem Scherz. Ich möchte dir erklären, was ich darunter verstehe, weil auch ich nicht aufhöre, mein Leben zu optimieren und an den dafür notwendigen Stellschrauben zu drehen. Und das sollten wir sogar alle in Zeiten von Digitalisierung, Update-Zwang, Pandemien und Umweltzerstörung. Wir Menschen haben den Drang, uns zu entwickeln, und das hat auch ganz gut geklappt, wenn man sich die letzten Jahrhunderte anguckt.

Allerdings hat die Sache auch eine Kehrseite, und darum geht es in diesem Buch. Denn wenn wir immer versuchen, Dinge zu optimieren, dann befinden wir uns in einem permanenten Kampfmodus. Unser Körper produziert dazu ständig das Stresshormon Cortisol, weil unser Gehirn nicht erkennen kann, welchen Stress es gerade zu bewältigen versucht. Für unser Gehirn ist Stress nämlich gleich Stress. Das ist evolutionär bedingt und das können und müssen wir auch nicht ändern, weil es uns ursprünglich einmal eingebaut wurde, um Gefahren zu begegnen, etwa in Form eines Mammuts oder Säbelzahntigers. Nun haben wir diesen Stress, diesen Überlebenskampf jedoch ausgeweitet. Phasen der Entspannung kommen viel zu kurz.

Cortisol und Adrenalin sind unsere ständigen Begleiter geworden, weil wir ihre Produktion durch unser Verhalten permanent am Laufen halten. Kurzzeitig ist Stress durchaus mal okay, auch eine begrenzte herausfordernde Phase, etwa ausgelöst durch einen Streit oder einen Umzug, gehört zum Leben dazu. Was ich aber meine, ist der andauernde Ich-bin-nicht-genug-Stress.

WENN SICH NICHTS ÄNDERT, ÄNDERT SICH NICHTS

Es beginnt damit, dass die meisten Menschen morgens aufstehen, ihr Handy in die Hand nehmen und gleich mit dem ersten Augenaufschlag erfahren, wie belanglos ihr eigenes vor sich hin krepierendes, minderwertiges Dasein auf dieser leistungsorientierten Welt im Vergleich zu den geschönten und gefakten Stories und Postings anderer Leute ist. Dann werden schnell die News gecheckt, die uns mitteilen, dass das Leben auf diesem Planeten dunkel und grauenvoll ist, weshalb dieser spätestens übermorgen untergehen wird. Das Überfliegen der beruflichen Mails löst erste kleine Herzrhythmusstörungen aus, weil man sich furchtbar über den Kollegen oder das abgesagte Meeting aufregt. Um dem Frust noch die Kirsche aufzusetzen, überprüft man online sein Bankkonto und muss erkennen, was für ein armes

Schwein man ist. Kennst du das? Kennst du Leute, die so leben? Sie sind sehr verbreitet in unseren Gefilden. Nach dieser morgendlichen „Das-Leben-ist-schön-Aufstehprozedur“ geht es dann ja weiter: Erst mal ins Bad unter die Dusche und schnell einen verächtlichen Blick in den Spiegel geworfen, weil man zu dick oder nicht *in shape* oder – wie einem die Stimmen aus der Vergangenheit suggerieren – überhaupt immer schon unförmig oder einfach hässlich ist. Dann wird der Knopf der Kaffeemaschine gedrückt, man nimmt jeden Tag dieselbe Tasse aus dem Schrank, schmiert sich das immer gleiche Toastbrot und trottet um die gleich Zeit zur Arbeit, an denselben Schreibtisch, sieht dieselben Kollegen, isst mit denselben Leuten zu Mittag. Wieder zu Hause frönt man höchstwahrscheinlich der immer gleichen Abendbeschäftigung und versucht irgendwann mit ordentlich flimmerndem Bildschirm und akustisch begleitet von Sirenen und kriminalpolizeilichen Ermittlungen zu Mord, Vergewaltigung und Korruption friedlich und mit einem Lächeln auf dem Gesicht einzuschlafen. Natürlich mit dem Handy neben dem Kopfkissen, das permanent aufleuchtet und den Gehirn-Apparat am Laufen hält, denn man könnte ja wichtige Ereignisse der Instagram-Gemeinde verpassen. Irgendwann macht man den Fernseher dann doch aus, genug von Tod und Hass, es sind ja nur noch drei Stunden, bis der neue Tag ruft und der ganze Zirkus wieder von vorn beginnt … Natürlich ist diese Beschreibung ordentlich mit Sarkasmus und Polemik angereichert, aber ich weiß aus meiner täglichen Praxis, dass bei vielen die Tage genauso oder ähnlich ablaufen, und dass das einer der Hauptgründe ist, warum man aus dem Karussell des Nicht-Genügens so schlecht aussteigen kann. Zu viele schlechte Gewohnheiten halten dieses Hamsterrad am Laufen, in dem wir uns permanent minderwertig und getrieben fühlen.

DU BIST GENUG

Aus diesem Grund möchte ich in diesem Kapitel ein Plädoyer halten. Ein Plädoyer dafür, sich auf den Weg zu machen, zu reichen. Was ich damit meine? Ich meine damit, dass unser ständiger Wettlauf mit der Zeit und der permanente Vergleich mit anderen unserem Gefühl entspringen, nicht genug zu sein. Und dass es an der Zeit ist, dem endlich eine Absage zu erteilen. Ich selbst übe mich tagtäglich darin. Jahrelang habe ich von meinem Management und Leuten aus meiner Branche eingebläut bekommen, wie ich mich verändern solle, um dieses oder jenes zu erreichen. Erst habe ich gehört, dass ich besser singen können müsste. Als ich dann gesanglich in Topform war, hörte ich, dass ich zu „perfekt“ sei, man könne sich nicht mit mir identifizieren. Ich hörte, dass ich als studierter Theologe und weil ich so „nett“ sei, nur deutschen Schmuse-Pop machen könne, ich sei sonst nicht authentisch. Mir wurde gesagt, dass ich nicht so viel lächeln solle, da meine Zähne zu „schön“ seien und das dann immer so künstlich und selbstverliebt wirken würde. Mir wurde geraten, dass ich auf meinen Social-Media-Kanälen mehr mit meinen Patenkindern, mit Hunden (obwohl ich allergisch bin und keinen Hund habe!) und anderen Menschen zu sehen sein solle, damit ich weniger selbstverliebt und egozentrisch wirken würde. All diese Forderungen, anders zu sein, kann ich runterbeten, genauso wie du vermutlich die deinen. Es vereint uns alle. Es reicht! Im doppelten Sinn: Es reicht, denn damit ist jetzt Schluss. Und es reicht, weil ich genug bin. Ich bin wie ich bin. Ich kann noch glücklicher, gesünder und authentischer werden, vielleicht auch selbstbewusster, selbstbestimmter und selbstermächtigter. Ich kann Talente und Fähigkeiten ausbauen, Neues lernen und mich und meinen Körper verändern. Aber eben nur für mich, weil ich es möchte und wenn ich es möchte. Und auf dem Weg dorthin fühle ich mich trotzdem genug.

Das klingt jetzt so einfach, tatsächlich kostet es jedoch Mut und auch Übung, sich dem permanenten Optimierungszwang entgegenzustellen. Denn viele von uns sind darauf programmiert, sich ungenügend zu fühlen, und müssen sozusagen ein neues Update installieren, um sich zu verändern. Für mich war es eine Arbeit wie in einem Chemielabor: Ich musste die ganzen negativen Gedanken und Glaubenssätze aus der „Gerrit-Emulsion“ herausdestillieren, um herauszufinden, wer ich wirklich bin, woran ich wirklich glaube und was ich wirklich will. Wie mir das gelungen ist? Du kannst es dir sicher denken. Durch Hingabe, und zwar durch hingebungsvolles Zuhören. Mir selbst zuhören. Mein Bauch sagt mir Bescheid. Ich spüre inzwischen genau, ob Manager oder Managerinnen, sogenannte Freunde oder Familienangehörige versuchen, die Emulsion so anzureichern und zu schütteln, dass ich mich ungenügend fühle. Probiere es aus: Immer, wenn der Kontakt oder das Gespräch mit einer Person bei dir dazu führt, dass du hinterher aus einem Mangel heraus agierst, soll heißen, wenn du dich nicht mehr so wie vor dem Gespräch oder dem Telefonat fühlst, sondern versuchst, dieses oder jenes zu tun, um dieses oder jenes zu erreichen, dann solltest du es lassen. Oder wenn dir Bekannte so schöne Sätze sagen wie: „Früher hast du immer so gestrahlt, jetzt wirkst du so ernst“, alternativ in der Light-Version: „Du hast ja total abgenommen/zugenommen, ich bin richtig erschrocken!“ Wer um Himmels Willen hat aus solchen Aussagen je einen Mehrwert gezogen?! Ich kenne niemanden.

Das Gefühl des Nicht-genug-Seins macht dich unglücklich, es dimmt dein Licht, es macht dich klein. Außerdem zieht es nur solche Menschen an, die einen ähnlichen Mangel verspüren und versuchen, ihn durch die Herabsetzung anderer zu kompensieren. In diesem Fall gibt nur eine Lösung: den Kontakt oder die Beziehung zu beenden. Natürlich ist genau diese Konsequenz der schwerste Part. Manchmal schieben wir unser Bauchgefühl beiseite, weil wir uns nicht trennen möchten, um nicht allein zu sein. Meiner Erfahrung nach zögert das jedoch das Ende nur heraus. Das Gefühl, ungenügend zu sein, wird stärker, denn wir füttern es mit toxischen Beziehungen, bis es wohlgenährt und schwer geworden ist und uns fast erdrückt.

In manchen Fällen, zum Beispiel wenn es um Menschen geht, die man liebt und die man nicht ohne Weiteres verlassen möchte oder kann, hilft auch ein klärendes Gespräch oder eine direktive Ansage. Ich erinnere mich an eine Situation mit meiner Oma, der es manchmal etwas an Einfühlungsvermögen mangelte. Obwohl sie mich sehr liebt und ich sie auch, gab es immer wieder Situationen, in denen sie mir – sicherlich unbewusst – signalisierte, ungenügend zu sein. Unter anderem hatte sie die Angewohnheit, mir im jungen Erwachsenenalter zur Begrüßung ungefragt in die Haare zu fassen und mir zu sagen, dass ich meine Haare cooler vorne „hochmachen" solle, das sähe sonst „doof" aus. Immer wieder versuchte ich zu vermeiden, „doof" auszusehen und veränderte meine Frisur, wenn ich sie besuchte. Bis mir mit Mitte zwanzig der Kragen platze und ich ihr bei ihrem erneuten Versuch, mir in die Haare zu greifen, sagte, dass sie das sein lassen solle und dass ich sie nie wieder besuchen würde, wenn sie es noch einmal wagen würde, meine Haare anzufassen. Das saß. Eine Light-Variante dieser Kommunikation kannte ich damals leider noch nicht. Aber das Nein hat gewirkt und es gab keine Diskussionen mehr über Frisuren, bis heute.

MANGEL VERSUS FÜLLE

Da ich in diesem Kapitel oft von Mangel und Fülle gesprochen habe, möchte ich dazu noch ein paar erläuternde Worte sagen und ein Beispiel anführen, das gut veranschaulicht, worum es mir geht: Stell dir vor, du sollst für einen Freund oder einen Bekannten für 50 Euro in einem Supermarkt einkaufen. Du bekommst eine Liste, was du einkaufen sollst, und genau 50 Euro, um den Einkauf zu bezahlen. Du darfst keine Kredit- oder sonstige Bankkarten mitführen und dein Handy bleibt ausnahmsweise mal zu Hause. Jetzt gehst du einkaufen. Stell dir genau vor, wie du in den Supermarkt gehst, mit welchem Gefühl gehst du durch die Gänge? Mit welchem Gefühl stehst du schließlich an der Kasse? Bist du entspannt oder nervös? Wie hoch ist dein Stresspegel, während du die teuren Sachen nach hinten auf das Band packst und gebannt auf die Kasse starrst? Jetzt stell dir vor, dass es aufgrund deiner

Kopfrechenkünste ganz gut geklappt hat und du aufatmend 49 Euro und 40 Cent zahlst und dir die restlichen 60 Cent in die Hosentasche steckst. Du setzt dich in die Straßenbahn und willst mit deinem Einkauf nach Hause fahren, doch mitten auf halber Strecke bleibt die Bahn plötzlich stehen. Es folgt eine Durchsage, die Bahn kann nicht weiterfahren, alle werden gebeten auszusteigen. Du sitzt mitten im Nirgendwo. Ohne Schienenersatzverkehr, ohne Taxigutschein, du musst selbst sehen, wie du mit deinen zwei Einkaufstüten und den 60 Cent weiterkommst. Laufen? Jetzt fängt es auch noch an zu regnen. Wie fühlst du dich? Ohne Handy? Ohne Geld? Ohne Wahlmöglichkeiten, ob du nun ein Taxi nimmst, läufst oder ... Die Geschichte ist beendet. Irgendwie bist du nach Hause gekommen.

Die zweite Variante der Geschichte beginnt genau gleich: Du bekommst den Auftrag, für einen lieben Menschen für 50 Euro einzukaufen, dazu die Einkaufsliste, dieses Mal bekommst du aber 250 Euro und gehst in denselben Supermarkt. Keine Kredit- und Bankkarten, kein Handy. Du betrittst den Supermarkt, gehst durch die Gänge, packst schließlich deinen Einkauf auf das Kassenband und verstaust alles in deine Taschen. Wie hast du dich beim Einkaufen gefühlt? Wie hast du dich gefühlt, als du das Kassenband beladen hast? Wie war dein Stresspegel beim Bezahlen? Auch jetzt hast du gut gerechnet und bezahlst 49 Euro und 40 Cent. Dir bleiben also 200 Euro und 60 Cent übrig. Dann geht es auf dieselbe Art und Weise weiter. Du steigst in die Straßenbahn, dieselbe Panne, alle werden gebeten auszusteigen, es regnet … Wie fühlst du dich? Bist du sehr gestresst oder nur ein bisschen? Nimmst du ein Taxi? Ich bin mir sicher, du kommst wohlbehalten zu Hause an.

Derselbe Auftrag, derselbe Einkauf, dieselbe Geldsumme, dieselbe Straßenbahn, dieselbe Panne, aber ein völlig anderer Stresspegel und völlig andere Gefühle und Hormone, mit denen du unterwegs bist. Und ein völlig anderer Mensch, der schließlich zu Hause ankommt. Unsere Gedanken steuern unsere Hormone, die steuern unsere Gefühle, unsere Gefühle wiederum unser Verhalten. Unser Verhalten wird dann unsere Realität, also zu unserem Leben. Dieses Prinzip – und das Zusammenspiel aller Prozesse – beeinflusst unsere Frequenz (den Begriff werde ich noch näher erläutern). Wir schwingen schlicht und einfach niedriger, wenn wir aus einem Mangel heraus agieren, und umgekehrt höher, wenn wir aus der Fülle heraus handeln. Klingt logisch, oder? Dabei ist es Gott sei Dank völlig irrelevant, ob alles nur gedacht ist oder der Wirklichkeit entspricht. Das bedeutet, ob wir wirklich „reich" sind oder nicht, spielt keine Rolle. Wir verhalten uns aber anders, wenn wir 200 Euro mehr in der Tasche haben. Deshalb trage ich immer relativ viel Bargeld mit mir herum, unabhängig vom Kontostand, weil es mir immer suggeriert, dass ich „habe", und nicht „nicht habe".

Das Gefühl des Mangels macht uns auch anfällig dafür zu denken, dass wir uns begnügen müssten mit dem, was ist, war oder immer so sein wird. Wir glauben an destruktive Sätze wie „Immerhin schlägt er mich nicht“ oder „Reich weint es sich leichter“ anstatt die Fülle für uns in Anspruch zu nehmen. Was immer es dir ermöglicht, aus der Fülle heraus zu handeln, setzt Veränderung frei. Sie passiert dann, wenn in unserem Gehirn neue neuronale Verbindungen entstehen und so neue Wege für unser Leben sichtbar werden.

DIE SOZIALEN MEDIEN ALS TOILETTE DES INTERNETS

Ein Ort, an dem der Mangel heute permanent und erbarmungslos propagiert wird, ist wohl das Internet. Die digitale Welt ist getrieben vom Perfektionismus und die sozialen Medien suggerieren uns allen, dass wir uns in einem Mangel befinden. Der Stress, dem sich die Menschen auf den Social-Media-Plattformen aussetzen, ist enorm. Was dort gepostet wird, lässt das Leben von vielen minderwertig, langweilig und grau erscheinen. Und selbst die „Königinnen und Könige der Sozialen Medien“, die dort viel Geld verdienen, haben schon berichtet, dass sie das Bild, das sie im Netz von sich verbreitet hatten, nicht halten konnten und zusammengebrochen sind. Zu groß ist die Last, sich permanent öffentlich zu präsentieren: jeden schönen Sonnenuntergang mit der Community teilen, nie etwas tun, was der Story schaden könnte, nie einfach mal privat sein und nichts posten, ohne Angst zu haben, die eigene Reichweite zu crashen. Auch ich habe erleben müssen, wie Nicht-Perfektionismus bestraft wird. Ein ehrliches Foto zwischendurch, die Haare nicht optimal gestylt oder nicht so viel trainiert – schon gibt es Kommentare. Immer droht die digitale Klatsche und man fragt sich, ob man überhaupt noch etwas mitteilen möchte. Lady Gaga hat einmal gesagt: „Soziale Medien sind die Toilette des Internets". Dem kann ich nur zustimmen. Und ich habe mich entschieden, den Perfektionsdrang durch Hingabe zu ersetzen. Anders geht es für mich nicht, ich müsste mich sonst selbst verraten und wäre nicht authentisch. Zu hart war der Weg, bei mir anzukommen und mich darauf zu besinnen, was ich kann, wer ich sein und für was ich stehen möchte. Herausgekommen ist nicht die Rolle des deutschen Schmuse-Pop-Stars, die mir *lange* nahegelegt wurde. Für alles andere sei ich zu „nett und langweilig", ich trinke keinen Alkohol, würde als knallharter Männertyp nicht durchgehen, sei aber auch als Typ „perfekter Schwiegersohn" schwer zu vermarkten, weil ich schwul bin. Meine Devise lautet: Ich kann sein, was ich will, alles ist möglich und dafür muss ich nicht perfekt sein. Heute bin ich in meinem besten Leben

– *so far* – angekommen und habe meinen beruflichen Weg und meine Aufgabe gefunden: Entertainment trifft auf *Selfcare*. Wir können selbst entscheiden, ob Hingabe in unserem Leben eine Chance bekommt oder nicht. Wir gewinnen mit Sicherheit ein selbstbestimmteres und glücklicheres Leben.

MUT ZUR VULNERABILITÄT

Unter den Menschen, die sich besonders mit dem Gefühl des Mangels und mit hohen Ansprüchen herumschlagen, sind viele Eltern. Wer hat eigentlich irgendwann mal in Umlauf gebracht, dass Mütter und Väter perfekt sein müssen? Waren es die vielen Elternratgeber? Hängt das mit unserer westlichen Sozialisation zusammen? Oder ist es dem Mama- und Papasein immanent, alles richtig machen zu wollen? Ich erzähle gern von meiner Mutter, die in Sachen Hingabe mein Vorbild war. Sie wusste, dass sie nicht alles richtig macht, als sie mich großgezogen hat, aber sie tat es voller Hingabe für mich. Das kann ich heute im Nachhinein spüren. Ihre Fehler sind mir bewusst, doch es waren keine Fehler, die einer bestimmten Dogmatik entsprangen, sondern es waren Unzulänglichkeiten des Menschseins, des Nichtwissens und manchmal auch der Ratlosigkeit, da es nicht leicht ist, zwei Kinder großzuziehen, ein großes Haus instand zu halten, neben dem Ehemann Geld zu verdienen und die Verletzungen der eigenen Vergangenheit zu überwinden. Von Liebe und Bedingungslosigkeit geleitet hat meine Mutter mich erzogen und sich stets entschieden, die Dinge so zu tun, wie es ihr in dem Moment passend erschien.

Sie ließ mir viele Freiräume, vertraute mir und setzte auf Selbstwirksamkeit anstatt auf eine pädagogische Richtung. Für mich war das genau richtig. Ich habe zwar noch keine Kinder, bin aber dreifacher Patenonkel und arbeite immer wieder mit Kids und Jugendlichen zusammen. Ich denke deshalb immer wieder über die Frage der „richtigen Erziehung" nach und weiß inzwischen, was mir an der ganzen Diskussion fehlt: Es ist die Bereitschaft, sich vulnerabel zu zeigen, es ist emotionale Bildung oder emotionale Intelligenz. In einer Folge von *This is us*, einer meiner Lieblingsserien, gibt es eine Szene, die mich sehr inspiriert und mir eine neue Sicht auf das Elternsein eröffnet hat: Der etwa achtjährige Kevin, einer der Drillinge der Familie Pearson, gerät im Schwimmbad in eine gefährliche Situation, bei der er fast ertrinkt. Seine Eltern kümmern sich in diesem Moment um seine Geschwister und überhören seine Hilferufe. Der vollkommen aufgelöste Kevin wirft seinem Vater deshalb vor, dass er ihm immer weniger Beachtung schenke als den Geschwistern. Der Vater ist erschüttert, nimmt den Sohn in den Arm und sagt ihm dann sinngemäß diese Sätze: Ich habe nie geübt, ein Vater zu sein. Bis du erwachsen sein wirst, werden mir und deiner Mutter noch viele Fehler passieren. Und mir sind auch schon viele Fehler passiert, während ihr drei zu großartigen Kindern herangewachsen seid. Ich gebe mein Bestes, aber ich werde es nie perfekt machen können. Es tut mir wahnsinnig leid, dass ich nicht auf dich geachtet habe, denn du und deine Geschwister seid das Wichtigste in meinem Leben. Eine solche hingebungsvolle Beichte wünsche ich mir für alle Eltern und Kinder. Es würde allen Beteiligten den Druck nehmen. Den Eltern, die immer das Gefühl haben, perfekt sein zu müssen, und den Kindern, die diese Last später vielleicht selbst einmal tragen müssen. Sie könnten am Vorbild ihrer Eltern lernen, dass wir alle Stärken und Schwächen haben und dass es okay und normal ist, zu straucheln, zu taumeln und psychisch in Schieflagen zu geraten. Und vielleicht wird es ihnen später gelingen, anders und bewusster mit Problemen und ihrer mentalen Gesundheit umzugehen.

FINDE DEINE FREQUENZ

Ich habe schon beschrieben, wie unsere Gedanken mit unseren Gefühlen und unsere Hormone mit unseren Verhaltensweisen zusammenhängen. Wie dieser Prozess mit unserer individuellen Frequenz zusammenhängt und was Frequenz mit Hingabe zu tun hat, will ich jetzt erklären. Was meine ich damit, dass jeder von uns eine individuelle Frequenz hat? Vereinfacht ausgedrückt bedeutet es, dass wir alle schwingen, weil wir aus Energie bestehen. Können wir frei schwingen, fühlen wir uns wohl, die Dinge fallen uns leicht – und wir ziehen Menschen an, die auf der gleichen Frequenz schwingen wie wir. Ist unsere Schwingung beeinträchtigt, zum Beispiel durch Sorgen, Ängste oder Stress, ist unser Alltag anstrengend, ein Desaster jagt das nächste und es will einfach nicht funktionieren mit dem schönen Leben. Ich will es dir anhand eines Bildes verdeutlichen: Stell dir vor, wir befinden uns im Chemieraum deiner alten Schule und würden es schaffen, die winzigen Zellen unseres menschlichen Körpers zu extrahieren und sie mit Feuer zusammenzubringen, was würde passieren? Es würde „Puff" machen, wie bei einer Knallerbse an Sylvester, nur leiser. Das liegt daran, dass alle Menschen Energie sind, wir bestehen aufgrund unserer Beschaffenheit aus Energie und wir senden Energie aus, immer und überall. Die Teilchen in uns schwingen und bringen anderes in ihrer Umgebung zum Schwingen.

Unsere Aufgabe ist es, dafür zu sorgen, dass wir unsere eigene Frequenz finden. Sind wir ständig nur von Menschen umgeben, die uns im wahrsten Sinne des Wortes runterziehen, verändert sich unsere Frequenz, sie gleicht sich an und wird niedriger. Das soll nicht bedeuten, dass wir nicht mit Menschen zusammen sein sollten, denen es gerade nicht gut geht, das wäre eine falsche Schlussfolgerung. Aber wenn du ständig ein Leben lebst, dass nicht zu dir passt, und von Menschen umgeben bist, die anders schwingen als du, kann deine Energie nicht fließen und sich in der Welt ausbreiten. Du wirst nicht gesehen und nicht gehört, du beraubst dich der Möglichkeit, erfolgreich zu sein, weil du eben nicht du selbst bist. Ähnlich wie beim Märchen vom *Hässlichen Entlein*. Wer ständig unter falschen Bedingungen lebt, kann sich nie entfalten, authentisch und glücklich werden. Irgendwann muss das vermeintlich hässliche Entlein merken, dass es unter Schwänen ganz normal ist und genau so sein darf, wie es ist, nämlich wunderschön.

Wir machen noch einen kleinen wissenschaftlichen Ausflug: Wir alle haben als Kinder Steine ins Wasser geschmissen, vielleicht tust du das auch heute noch manchmal. Bei einem stehenden Gewässer lässt sich beobachten, dass rund um die Stelle, an der der Stein ins Wasser eingetreten ist, Kreise entstehen. Werfen wir einen weiteren Stein direkt daneben ins Wasser, dann entstehen auch hier die beschriebenen Kreise von klein nach groß rund um den Eintrittspunkt des Steines. Was man jetzt beobachten kann ist, dass die entstehenden Kreise sich gegenseitig beruhigen, sie heben sich auf, sie absorbieren also ihre freigesetzte Energie. Das Ganze hat auch einen Namen, man nennt es

„destruktive Interferenz". Stellen wir uns nun einmal vor, wir würden zwei Steine mit gleicher Größe und gleicher Masse zeitgleich auf die Wasseroberfläche treffen und eintauchen lassen, ziemlich nah nebeneinander. Was nun passieren würde ist, dass die freigesetzte Energie und die dadurch entstehenden Wellen sich ergänzen würden, sie würden quasi zusammenschwingen und das Ergebnis wären viel größere Kreise auf der Wasseroberfläche. Dieses Phänomen wird als „konstruktive Interferenz" beschrieben, es würde eine Vervielfachung stattfinden. Wenn wir davon ausgehen, dass wir alle Energie sind, können wir uns nun besser vorstellen, warum bestimmte Personen oder Dinge unsere Energie „zerstören" und andere sie „ergänzen". Wir können also einen inneren Scanner entwickeln, der uns hilft zu erkennen, wer oder was uns in unserer Frequenz unterstützt und was uns daran hindert, so zu schwingen, wie wir es brauchen. Wenn wir das tun, wird uns eine hingebungsvolle Haltung dem Leben gegenüber viel leichter fallen. Denn wir gewinnen mehr Klarheit und finden weniger Steine auf unserem Weg vor. Wie das Schwanenküken aus dem Märchen: Als die niedlichen Entenküken es hänseln und ausschließen, ist das Leid und das Gefühl, nicht richtig zu sein, übergroß. Das Schwanenküken jedoch, das gerade herausgefunden hat, dass es goldrichtig ist und in seinem Leben „angekommen", kann sich ihm entgegenwerfen, die

Flügel ausbreiten und über den glitzernden See der Sonne entgegenfliegen.

KAPITEL 6

DIE HOHE KUNST DES LOSLASSENS

Das Wort Loslassen löst bei vielen von uns keine positiven Assoziationen aus, sondern eher Widerstand. Ich mochte das Wort und seine Bedeutung lange nicht und hatte damit zu kämpfen. Es passte ja auch nicht in meinen Plan. Inzwischen kann ich behaupten, dass ich es hinbekomme, dieses Loslassen. Bis dahin war es jedoch ein harter Weg, der mich viel Arbeit und Energie gekostet hat. Es klingt ja auch nicht gerade einladend: loslassen, etwas hergeben, freigeben, entgleiten lassen. Wen wundert es, dass wir damit Schwierigkeiten haben? Und trotzdem liegt im Loslassen eine unsagbar große Kraft, die unser Leben verändern kann. Loslassen ist die Königsdisziplin. Es ist Hingabe pur und genau deshalb möchte ich das Wort und seine Bedeutung hier zusammen mit dir ergründen. Fangen wir mit einer wichtigen Frage an: Warum fällt es uns so schwer loszulassen?

Das Mysterium des Loslassens ist relativ gut und schnell mit der Struktur unseres Gehirns erklärt, besser gesagt mit seiner Funktionsweise. Unser Gehirn ist nämlich von Natur aus darauf programmiert, den Status quo zu erhalten, 24 Stunden am Tag, sieben Tage die Woche. Es möchte bekommen, es möchte haben. Schenkt mir jemand ein Haus zusätzlich zu dem, das ich schon besitze, dann freue ich mich und nehme es. Zwei Häuser sind besser als eins, „denkt" unser Gehirn, denn unser Bedürfnis nach Schutz (eines unserer Grundbedürfnisse) ist dann mehr als befriedigt. Wenn uns aber jemand unser Haus wegnehmen möchte oder es abbrennt, dann geht es uns schlecht, denn wir fühlen uns in unserem Schutzbedürfnis bedroht. Unser Gehirn will bekommen und nicht geben. Es kann geben, aber nur dann, wenn es das Gefühl hat, dass genug da ist. Es will nicht Gefahr laufen, in einen Zustand des Mangels zu geraten, was einer der Gründe ist, warum Geiz entsteht oder warum es Messis gibt. Die Wege dahin sind natürlich komplexer, aber oft liegt diesen Verhaltensweisen die traumatische Erfahrung eines Mangels zugrunde.

Aus demselben Grund funktioniert die Umsetzung guter Vorsätze auch nur für eine kurze Zeit. Wenn unsere Grundbedürfnisse befriedigt sind, sieht unser Gehirn keinen Vorteil darin, etwas zu ändern. Das bedeutet jedoch nicht, dass es unser Schicksal ist, immer dieselben Runden zu drehen. Wir können der Schlaufe entkommen, allerdings nur, wenn wir das Loslassen „umpolen", indem wir unserem Gehirn klarmachen, dass wir etwas bekommen (Fülle) und nichts hergeben müssen (Mangel). Wir müssen die Perspektive ändern, das ist die Lösung. Wenn es dir beispielsweise schwerfällt, Bücher auszumisten, kannst du das in kleinen Schritten üben und einen Deal machen: Immer dann, wenn du ein Buch aussortierst und weggibst, darfst du ein neues ins Regal stellen. Oder umgekehrt: Du bekommst etwas Neues und in der Freude des Erhaltens gibst du etwas her und lässt los. Wir probieren es eine Nummer größer: Du willst eine Beziehung beenden, weil dir jemand einfach nicht guttut. Du hast aber Angst loszulassen, weil dein Gehirn und dein Körper diese schlechten Vibes mittlerweile „brauchen“, diese Person und ihre Art gehören mittlerweile zu deinem Status quo. Dann kannst du anfangen, dich umzupolen, indem du beispielsweise viel Zeit mit Menschen verbringst, die dir Wertschätzung entgegenbringen. Das erlebe ich oft, wenn Leute in meine Wochenkurse und Seminare kommen oder in meinen *Mental Health Chor*. Dort bekommen sie etwas, sie werden beschenkt und die neuen Menschen und Einflüsse, die positiven Gefühle setzen eine neue Messlatte. Du gewöhnst dich also bei der regelmäßigen Begegnung mit gutem und dir wohltuendem Verhalten wieder daran und spürst, wenn es fehlt. Nach und nach merkst du schneller, wann dir was fehlt, und wenn du das nicht mehr ertragen möchtest, bist du bereit zu gehen und dich zu verändern. Du musst empfinden, dass dieses Gefühl einfach großartig ist: Man bekommt, obwohl man geht. Freiheit, Liebe, Wertschätzung, Leichtigkeit, Selbstermächtigung und viel mehr. Man trifft eine Ent-scheidung, man „scheidet“ sich von dem, gegen das man sich entschieden hat. Dafür erhält man die Möglichkeit, das Leben zu führen, das zu einem passt und das sich gut anfühlt. Man ent-täuscht sich, weil man sicher nicht länger einer Täuschung hingibt, man erhält Klarheit. Bekommen statt geben. Das ist auch Loslassen, ein viel schöneres Loslassen. Das belohnende Loslassen.

REISÄFFCHEN ODER VERPASSTE MÖGLICHKEITEN

Was mit uns und unserem Leben passieren kann, wenn wir nicht lernen loszulassen, möchte ich dir anhand einer Geschichte erzählen. Es ist die Geschichte von den Reisäffchen, die sich mir sehr eingeprägt hat, seit sie mir vor vielen Jahren erzählt wurde. Ich bringe die Geschichte auch oft in meinen Coachings ein, wenn es jemandem sehr schwer fällt, etwas hinter sich zu lassen. Sie geht so: Irgendwo in Afrika lebt seit vielen Generationen ein Stamm, dessen Gemeinschaft sich selbst versorgt. Die Menschen dieses Stammes kämpfen jeden Tag darum, alle Dorfbewohner zu beschützen und vor der größten Gefahr, dem Hungertod, zu bewahren. Das gelingt ihnen seit geraumer Zeit auch gut, weil sie es geschafft haben, einen ihrer größten Feinde zu überlisten. Es ist das Reisäffchen, das sich liebend gern von den Reisvorräten des Stammes ernährt. Viele Menschen verloren ihr Leben, weil diese kleinen Gauner die Reisvorräte geplündert hatten. Eines Tages jedoch erdachten die Ältesten des Stammes eine Falle und schlugen die Reisäffchen mit der eigenen Waffe: ihrer Gier. Dazu höhlten die Dorfbewohner einen langen Ast aus und bohrten oben in den Ast zusätzlich zwei kleine Löcher, die genau so groß waren, dass die Reisäffchen mit lang gestreckten Händen hindurchgreifen konnten. In den ausgehöhlten Ast legten die Dorfbewohner kleine Häufchen mit Reis, welche die Reisäffchen sowohl durch die Löcher oben als auch von links und rechts sehen konnten. Es gab für die Reisäffchen nur eine einzige Möglichkeit, an den Reis zu kommen, nämlich, indem sie ihre beiden Hände durch die Löcher steckten. Das Problem war nur, dass die Tiere ihre mit Reis vollgestopften Händchen nicht mehr durch die Löcher des Astes zurückziehen konnten. Egal, wie sie sie auch drehten, die Hände passten nicht mehr hindurch. Die einzige Möglichkeit hätte darin bestanden, den Reis loszulassen. Und so kam es dazu, dass die Äffchen nach ein paar Tagen tot vor dem Ast lagen, den Reis fest in ihren Fäustchen haltend, verhungert mit dem Essen in den Händen. Gestorben, weil sie … genau, weil sie nicht loslassen konnten.

Ich möchte dir mit dieser Geschichte keine Angst machen, sondern dir im Gegenteil Mut zusprechen, Dinge loszulassen, die dich krank und sorgenvoll machen. Es soll dir nicht ergehen wie den Reisäffchen, die aus Unwissenheit den Reis festhielten und ihr Leben vergeudeten. Denn sie hätten bestimmt auch woanders etwas zu fressen gefunden, das Leben steckt voller Möglichkeiten. Eine Hand, die loslässt, kann Neues empfangen. *Don't be a* Reisäffchen *in a world full of possibilities*!

VERÄNDERUNG ZUM GUTEN

Da es in diesem Kapitel um das Loslassen geht, kommen wir um eine Sache nicht herum, sie ist quasi der siamesische Zwilling des Loslassens, nämlich die Veränderung. Wir Menschen brauchen sie, ich ganz besonders, auch wenn ich wirklich jedes Mal mit einem weinenden und einem lachenden Auge auf eine Veränderung reagiere. Ich bin nicht dafür gemacht, Liebgewonnenes hinter mir zu lassen, aber ich habe mich diszipliniert, weil ich weiß, dass Veränderungen es mir ermöglichen, zu wachsen und mein Potenzial auszuschöpfen. Ich habe nur dieses eine Leben und ich verbringe die Zeit besser damit, auf der Welle der Veränderung zu surfen, anstatt bockig am Strand zu stehen, weil ich gerade ruhiges Wasser wollte.

Veränderung passiert immer und überall um uns herum. Ohne Ebbe keine Flut, ohne Flut keine Ebbe. Ohne Mond keine Nacht, ohne Nacht keinen Mond. Ohne den Tod kein Leben, ohne das Leben keinen Tod. Ohne Morgen kein Abend, ohne Abend kein Morgen. Ohne Freude kein Leid, ohne Leid keine Freude. Die Liste ließe sich stundenlang fortführen, da unser Leben aus einem Wechselspiel besteht. Das Einzige, was sich wirklich nie ändert, ist, dass es nie aufhören wird, sich zu verändern. Ich höre dich jetzt sagen, dass du natürlich Veränderungen willst, aber eben nur die „guten“. Aber wir sind leider nicht bei *Wünsch dir was*, sondern mitten im Leben, und wir müssen nehmen, was kommt. Dennoch kann ich dir eines versichern: Veränderungen bewirken immer, dass sich etwas zum Besseren wandelt. Wenn wir uns nicht einschließen, weil die Welt draußen so „böse“ ist. Zwar begrüßen wir schlimme Krisen anfangs nicht mit Jubelschreien, aber im Rückblick lässt sich doch immer das Fazit ziehen, dass es sich gelohnt hat, weil man nun dichter an seinem Lebensglück angelangt ist. Ich habe viele Geschichten erlebt, in denen das so passiert ist, eine von ihnen möchte ich dir erzählen. Sie soll dir zeigen, was wir gewinnen können, wenn wir uns mit Hingabe auf den Weg zu uns selbst machen. Es ist die Geschichte einer Klientin, die ich hier Anne nenne und die mich damals vor Freude hat tanzen lassen.

WIR KÖNNEN
NICHT EWIG
DAS SEIN,
WAS WIR MAL
waren.

NEUE TÜREN ÖFFNEN SICH

Während meiner ersten Gehversuche als Coach hatte ich einmal das Glück, für eine Kollegin die Vertretung zu übernehmen. In einer dieser Vertretungsstunden lernte ich Paula kennen, eine eher zurückhaltende und vorsichtige junge Frau, die sich erst mal an meine freie und lockere Art zu coachen gewöhnen musste. Aber wir lagen auf einer Wellenlänge und schon nach einer Stunde sagte Paula, dass sie zu mir wechseln wolle. Es entwickelte sich eine gute und intensive Zusammenarbeit, bei der Paula über ihre Stimme einen Zugang zu sich fand. Ich erfuhr viel von Paula und merkte, wie sehr sie sich veränderte und wie stark sie ihre Arbeit als Ärztin, ihre Beziehung und alles, was sie täglich tat, infrage stellte. Immer wieder erzählte sie mir davon, wie glücklich sie sei, wenn sie sich zum Beispiel eine neue Motorsäge gekauft habe, in ihrem Garten arbeite und Dinge mit ihren Händen erschaffe. Ihre Augen funkelten, wenn sie davon erzählte, genau wie beim Singen. Dann jedoch geriet Paula unter Druck. Sie hatte ihre Komfortzone verlassen und ihren bisherigen Lebensweg hinterfragt, gleichzeitig waren da die Erwartungen ihres Umfelds, ihrer Eltern, die sie immer erfüllt hatte. Aber sie hatte nun Kontakt zu sich, sie spürte sich und deshalb gab es keinen Weg mehr zurück. Ich hörte eine Zeit lang nichts mehr von ihr. Ich wusste nur, dass sie eigentlich eine gut laufende Praxis übernehmen sollte, aber mit dieser Entscheidung haderte, und dass auch in ihrem privaten Umfeld einiges im Umbruch war. Dann Funkstille. Bis mich eines Nachmittags diese Nachricht von Paula erreichte, die mich dermaßen umbeamte und mich so glücklich stimmte, wie nur wenige Nachrichten in meiner bisherigen Laufbahn als Coach. Paula hatte sich und ihre Stimme gefunden, ihren Weg, ihre Bestimmung und ich war unglaublich dankbar, dass ich sie auf ihrer Reise ein Stück begleiten durfte, sie schrieb mir (gekürzt):

Lieber Gerrit,

ich studiere jetzt offiziell Forstwirtschaft und habe die Medizin für immer an den Nagel gehängt. Ich habe mich selbst gefunden, auch durch das Singen, und habe nun den Mut so zu sein, wie ich bin! […] Der Knoten ist also geplatzt und es geht mir deutlich besser als all die Jahre zuvor … auch dank dir! Ich melde mich.

Paula

Paula hat die Veränderung kommen lassen. Für mich ist sie eine inspirierende Hauptdarstellerin ihrer eigenen Heldinnenreise. Das klingt vielleicht alles wie Hollywood, ist aber genau so passiert. Wenn Menschen ihre Stimme finden, sich zuhören und losgehen, dann kann so etwas passieren. Auf einmal sind sie mitten in ihrem Element, fühlen sich nicht mehr eingesperrt oder fehl am Platz, müssen sich nicht mehr maßregeln oder disziplinieren. Viele Erfolgsgeschichten weisen einen solchen Wendepunkt auf, das Leben spricht mit uns, und wenn es sagt „Geh!“, dann sollten wir auch gehen. Auf unsere innere Stimme zu hören, ist etwas, das wir wieder lernen können.

LASS DICH VON DER LÖSUNG FINDEN

Wenn du da draußen auch mit Veränderungen haderst, ist mein Tipp an dich, mit Ruhe zu agieren. Nehmen wir mal an, du bist vollkommen ratlos und planlos, weil gerade alles zu zerbrechen droht, dann bringt es nichts, nach passenden Lösungen zu suchen und diese gedanklich immer wieder durchzuspielen. Viel weiter kommst du mit Hingabe, das bedeutet in diesem Fall, das Tempo rauszunehmen. Wenn du dir eine Entscheidung abringen willst, setzt du dich so stark unter Druck und produzierst so viele ungeliebte Hormone, zum Beispiel das Stresshormon Cortisol, dass dein Körper falsche Signale erhält. Nimm dir von vornherein zwei bis drei Tage oder länger Zeit, um eine Entscheidung zu fällen. Gib dich dem Prozess hin, die Lösung findet dich.

Darauf kannst du vertrauen. Jeden Tag ändern sich die Umstände, die äußeren Gegebenheiten, aber auch dein innerer Zustand. Es bewegt sich etwas, auch wenn wir es nicht glauben. Ein schönes englisches Sprichwort lautet: *Cross the bridge when you come to it.* Das bedeutet Hingabe. Loslassen und über die Brücke gehen, aber erst dann, wenn wir vor ihr stehen. Du wirst spüren, wenn es so weit ist.

LOSLASSEN DURCH BEWUSSTES ATMEN

Loslassen ist auch ein körperlicher Prozess, das haben wir alle schon gespürt. Manchmal sitzen uns Sorgen und Ängste regelrecht im Nacken oder im Hals und unsere Energie kann nicht mehr fließen. Wir können das Loslassen üben, indem wir lernen zu atmen. Nicht das normale Atmen, das läuft bei den meisten irgendwie ganz ordentlich ab. Ich meine das bewusste und entschiedene Atmen. Das, was uns frei und gesund macht und uns spüren lässt, dass wir im Fluss sind. Für mich ist unsere Atmung ein Wunder, fast etwas Heiliges, sie ist Hingabe pur. Atmen ist das erste, was wir tun, wenn wir auf die Welt kommen, und das letzte, was wir tun, wenn wir einmal gehen. Ich bin fest davon überzeugt, dass wir durch Atmung wieder ins Leben kommen können, wenn wir uns verloren haben. Nicht umsonst ist Atmen die Grundlage aller Meditations- und Entspannungstechniken. Unsere Atmung besitzt die Macht, unsere Gedanken zu stoppen und unser Bewusstsein zu weiten. Wenn du jetzt denkst, dass ich nicht mehr alle Latten im Zaun habe, dann probiere es selbst einmal aus. Diese Basisübung kannst du zu Hause für dich alleine im Liegen, im Sitzen, mit geschlossenen oder geöffneten Augen machen (ich empfehle geschlossene Augen). Sie dauert nur wenige Minuten. Wenn es dir gelingt, diese in deinen 24-Stunden-Tag einzubauen, schaffst du einen wichtigen Anfang und investierst in dich.

ATEMÜBUNG 7 x 7 x 7

Bringe deinen Körper in eine entspannte Position. Jetzt atme bitte durch die Nase ein und zähle innerlich einen siebensekündigen Countdown von sieben auf eins runter oder zähle von eins auf sieben hoch. Versuche ganz langsam zu zählen. Am Anfang ist das ziemlich schwer, weil die meisten von uns gewohnt sind, kürzer zu atmen. Es wird dir aber immer besser gelingen, dir wirklich sieben Sekunden Zeit zu nehmen. Jede Lücke deines Körpers wird langsam durch die Nase mit frischer Luft und Sauerstoff gefüllt. Versuche bei der Übung die Schultern möglichst unten zu lassen. Um die

Atmung zu unterstützen, kannst du deine Hand auf deinen Unterbauch legen, denn genau da muss die Luft hin. Wenn du sieben Sekunden lang eingeatmet hast, bitte ich dich, die Luft die nächsten sieben Sekunden lang anzuhalten. Zähle gerne wieder innerlich den Countdown, damit es auch wirklich sieben Sekunden sind. Einfach nichts tun, die Luft anhalten und es genießen, nichts mit ihr zu tun. Jetzt lässt du die Luft sieben Sekunden lang aus deinem leicht geöffneten Mund und mit einem leichten, hörbaren Pustegeräusch ausströmen, 7-6-5-4-3-2-1. Dieses Prinzip „7×7×7" wiederholst du jetzt. Du kannst es gerne mindestens sieben Mal wiederholen, um bei der Sieben zu bleiben, oder auch öfter, wenn es dir gut tut. Es dürfen auch 20 Wiederholungen sein. Du wirst schnell spüren, dass dir dieses bewusste Atmen dabei hilft runterzukommen. Deine Gedanken werden sich verlangsamen, du entspannst. Wie stark deine vorherrschende Emotion zu Beginn der Übung auch war, sie wird durch das bewusste Atmen abgeschwächt. So kommst du wieder zu dir und hast nach der Übung etwa fünf klare Sekunden, die du nutzen kannst, um wirklich aus deiner Mitte heraus zu agieren. Diese klaren Sekunden sind ein Geschenk und du kannst sie zum Beispiel einsetzen, um eine Entscheidung zu treffen. Leider setzt die Wirkung des bewussten Atmens nach etwa fünf Sekunden aus, so dass du dich beeilen solltest, die notwendige Entscheidung zu treffen. Ich empfehle in Situationen, in denen du dich unwohl fühlst, wütend, enttäuscht oder aggressiv bist, das krasse Gegenteil von dem zu tun, was du vor dem Atmen tun wolltest. Wenn du zum Beispiel kurz davor warst, jemandem eine wütende Nachricht zu schreiben, geben dir die fünf Sekunden die Möglichkeit, einen Energiewechsel herbeizuführen (*Energy change*) und du kannst zu einem Spaziergang aufbrechen statt zornige Sätze durchs Netz zu schicken. Oder du gehst einkaufen. Was immer du tust, die fünf Sekunden erlauben es dir, aus dem Film auszusteigen, über die Situation nachzudenken und aus der Klarheit heraus zu agieren statt aus einer hochkochenden Emotion oder auch aus alter Gewohnheit.

DER WEG ZU DIR

Du kannst diese Atemübung auch anwenden, wenn du nicht einschlafen kannst und wirst bei mehreren Wiederholungen merken, wie du langsam müde und entspannter wirst und runterfährst. Mach die Übung einfach so lange, bist du einschläfst. Es ist ein bisschen wie das gute alte „Schäfchenzählen", nur in moderner Form.

Gib dich deiner Atmung hin, sie ist ein wichtiger Schlüssel auf deinem Weg zur Hingabe. Sie hilft dir dabei, Dinge anzunehmen, ohne sie aktiv ändern zu wollen, sie aber auch gleichzeitig nicht mit Zustimmung oder Widerstand zu belegen. Du lässt die Dinge in diesem Moment einfach so sein, wie sie gerade sind. Die Lösung für eine Herausforderung kann später zu dir kommen. Um mehr oder weniger geht es nicht. Nicht alles muss sofort gelöst oder aktiv angegangen werden. Es ist in diesem Fall einfach gut, erst einmal zu atmen, um zu sehen, was mit der jeweiligen Situation oder einer Sache passieren könnte.

Ich habe es schon erlebt, dass Menschen weinen, wenn sie diese Übung zum ersten Mal machen, weil sie nach langer Zeit wieder mit sich in Kontakt kommen. Ich sage dann immer: „Herzlich Willkommen zurück!“, und sie müssen grinsen. Denn das ist Leben: frei durchatmen, Leichtigkeit spüren, die Fülle an Sauerstoff in unserem Körper registrieren und die Enge in der Brust lösen. Das ist Hingabe und das Gefühl kann uns als Richtschnur dafür dienen, wie wir durch unser Leben gehen wollen. Denn nur, wer genug Luft hat, kann auch mal untergetaucht werden, wenn uns eine große Welle umhaut, und dann mit Wucht wieder an die Oberfläche kommen.

IN KONTAKT MIT UNS KOMMEN

Kennst du die Sicherheitsansage auf Flügen, bei der es um die Masken geht? Hast du schon einmal genau zugehört, was durchgesagt wird? Es ist das: „Sollte der Druck in der Kabine sinken, fallen automatisch Sauerstoffmasken aus der Kabinendecke. Ziehen sie die Maske zu sich heran und platzieren sie sie fest auf Mund und Nase und ziehen sie dabei das elastische Band über ihren Kopf. Ziehen sie erst ihre eigene Maske auf, helfen sie anschließend Kindern und Mitreisenden." Was uns die Stewards und Stewardessen erklären, ist irgendwie logisch: Wir brauchen selbst genug Luft, um anderen beim Atmen zu helfen. Trotzdem geben viele von uns in ihrem Leben erst mal den anderen. Vielleicht, weil es von uns erwartet wird oder wir es so beigebracht bekommen haben. „Halt mal die Luft an! Wer denkst du, dass du bist?" ist ein Satz, der dir vielleicht bekannt vorkommt. Bei meiner Arbeit begegnen mir viele Menschen, vor allem Frauen, die nach diesem Credo agieren und denen nach einiger Zeit buchstäblich die Luft wegbleibt. Ihnen hilft das bewusste Atmen, um sich selbst wieder zu spüren. Wenn wir bewusst atmen, sind wir nicht bei anderen Menschen, nicht bei der Arbeit, nicht in Sorge, nicht in Angst oder in irgendeinem Gedankenkarussell, sondern präsent im gegenwärtigen Moment.

Hast du Lust bekommen, es zu versuchen? Bewusstes Atmen will geübt und trainiert werden, aber es funktioniert sofort und immer besser, je häufiger wir es praktizieren. Es ist die einzige Chance gegen Panikattacken, es kann Blockaden lösen, Schmerzen lindern und uns in Kontakt mit unseren Gefühlen bringen. Es bildet die Basis für unsere Stimme, für gesundes Sprechen, für unser Lachen und für unseren Gesang. Probiere es aus! Egal, ob morgens im Bett, abends vor dem Einschlafen, zwischendurch im Auto, in der Dusche oder im Fahrstuhl. Unsere Atmung macht uns stark, resilient, selbstbewusst, aber auch ruhig und ausgeglichen. Ein wichtiger Teil unseres Abenteuers Hingabe!

SINGEN IST HINGABE

Jede Kunstform ist für mich Hingabe pur. Egal, ob die Malerei, die Bildhauerei, das Schauspiel, das Spielen eines Instrumentes, das Tanzen, das ich sehr liebe, oder eben das Singen. Für alles braucht es eine hingebungsvolle Haltung. Nicht immer von Anfang an, aber irgendwann merkt man, wie sich ein gutes Gefühl mehr und mehr ausbreitet, wenn man sich hingibt. Für mich war und ist das Singen schon immer das Größte. Seit ich ein kleiner Junge war, hat die Stimme mich fasziniert und Singen hat mich einfach glücklich gemacht. Es machte aus mir zunächst ein träumendes und lebendiges Kind, später in meiner Jugend zeigten meine Stimme und die Musik mir den Weg zu mir selbst und halfen mir, in einer schwierigen Welt zurechtzukommen. Singen ist für mich eine Zusage an sich selbst und ein Sich-fallen-Lassen in die Welt der eigenen Gefühle. Wenn wir singen, öffnen wir unseren Mund und unseren Körper, wir möchten uns der Musik hingeben, sie interpretieren, ein Medium werden, das sie hörbar und spürbar macht. Wir werden quasi die Verlängerung eines Gefühls, das durch uns hindurch geht. Musik ist Hingabe, ich denke, dieser Aussage werden sich viele Menschen anschließen. Und deshalb lieben wir Menschen die Musik, weil wir uns in ihr verlieren können. Musik vermag es auch, unsere Gefühle zu verstärken und uns sowohl in das tiefste Tal der Melancholie zu stürzen als auch auf den höchsten Gipfel der Euphorie zu führen. Erinnern wir uns nur an unseren schlimmsten Liebeskummer, den wir durch das Hören von noch viel schlimmeren Liebesballaden verstärkt haben, um uns so richtig in unserem Leid zu suhlen. Eine einzige Melodie oder eine gesungene Zeile kann uns und unsere Stimmung verändern.

Seit ich als *Vocal coach* bzw. Stimmcoach arbeite, weiß ich, wie sehr das Singen Menschen verändert. Es bringt uns in Kontakt mit uns selbst, mit unseren Gefühlen und baut uns eine Brücke zu unserem Inneren. In meinen Coachings und als Chorleiter versuche ich deshalb, die heilsame Wirkung des Singens, das gemeinsamen „Zelebrieren von Hingabe“, zu nutzen. Kaum etwas löst mehr Glückgefühle aus als miteinander zu singen und Songs zu performen, bei denen einem förmlich das Herz überläuft. Nicht selten werden Tränen vergossen, wir alle jubeln und juchzen laut vor Freude oder feiern einfach das Leben in all seinen Farben und Formen, während wir singen. Das Entscheidende ist dabei für mich nicht das Richtigmachen, das Tönetreffen oder gar das Ablesen vom Notenblatt. Es geht darum zu singen! Es geht auch um geschriebene Worte, um eine Botschaft und darum, diese Botschaft durch die eigene Stimme zum Klingen zu bringen. Aber es geht vor allem um das Tun. Genau deshalb verzichte ich auf Noten und improvisiere musikalische Stücke oft nur auf wenigen Worten oder auf sich wiederholenden Zeilen. Nicht zufällig nutzen fernöstliche Lehren gesungene Mantras, um Hingabe oder auch Trance zu erreichen. Wir verlassen dann beim Singen die rationalen Pfade unseres Gehirns und nehmen Kontakt mit unserem Gefühlszentrum auf, dem limbischen System. Das ist gesungene Meditation, das ist Hingabe, und ich kann jedem empfehlen, sich einmal darin zu versuchen. Jeder der mich kennt, weiß allerdings, dass es mir nicht um Esoterik oder um klischeehafte Ekstase geht, ich singe gerne Popsongs und bekannte Melodien und keiner muss sich unwohl fühlen oder schämen. Ich verfolge auch keine Mission. Es geht mir darum, dass ich durch das Singen und die Arbeit mit der Stimme einen lockeren, spielerischen und gleichzeitig sehr starken Zugang gefunden habe, der vielen Menschen Freude und Glück spendet. Der Einsatz unserer Stimme ist der Schatz, aus dem ich gerne schöpfe. Das zu erleben und dabei die eigene Komfortzone zu verlassen, sich seiner schlummernden Potenziale bewusst zu werden, Glückshormone zu produzieren und hingebungsvoll mit anderen Menschen zusammen zu sein, ist das, was wir gewinnen. Immer und immer wieder und genau deshalb ist Singen für viele der Start in ein neues, hingebungsvolleres Leben.

MAN MUSS SICH SELBST
ZURÜCKLASSEN,
UM SICH SELBST ZU
finden.

KAPITEL 7

WIE WÄRE ES MAL MIT JA?

Tagtäglich findet in uns der Kampf der beiden Schwergewichte Ja und Nein statt. Immer wieder hört man, dass man lernen müsse, auch einmal nein zu sagen, oder, dass ein Nein zu anderen ein Ja zu uns selbst und zu unseren Bedürfnissen sei. Achtsamkeitsratgeber und Lebenshilfebücher forcieren deshalb dieses Nein, und das ist bestimmt auch oft richtig, wenn es um Selbstermächtigung oder einen gesunden Egoismus geht. Schauen wir uns das Ganze vor dem Hintergrund anderer Kontexte an, so merken wir jedoch schnell, dass weder das Ja noch das Nein eine Allgemeingültigkeit besitzen. Meist geht uns ein Nein zu uns selbst leicht von den Lippen und bei einem Ja kommen wir ins Straucheln. Ein Ja zu anderen hingegen ist oft – aber auch nicht immer – leichter für uns auszusprechen als ein Nein. In diesem Kapitel möchte ich insbesondere das Ja-Sagen aus einem neuen Blickwinkel betrachten und es in ein anderes Licht rücken.

Unser Gehirn hat die Gewohnheit, zu allem Neuen und zu allen Veränderungen, die in unser Leben treten, erst mal Nein zu sagen. Dieser deutliche Widerstand und diese deutliche Abwehr gegen das Unbekannte, das uns einfach findet, ohne dass wir danach gesucht haben, machen uns Angst. Da Angst zwar ein schlechter Ratgeber ist, aber in unserem Gehirn eine sehr laute Stimme hat, folgen wir diesem Ratgeber und seinen Anweisungen leider und formulieren ein Nein zu allem, das wir so nicht haben kommen sehen. Das Abenteuer Hingabe kann uns helfen, die Leinen loszumachen, die uns bremsen und begrenzen. Mit Hingabe gelingt es uns, in See zu stechen und uns auf eine Reise mit unbekanntem Ziel einzulassen. Ich denke dabei sofort an Christopher Kolumbus und die zufällige Entdeckung Amerikas. Was wäre passiert, wenn Kolumbus nicht zufällig vom Kurs abgekommen wäre? Genauso wie der Klettverschluss, die Mikrowelle, die Röntgenstrahlung, das Penicillin oder viele andere wissenschaftliche Innovationen war auch diese Entdeckung nicht geplant. Es waren angeblich Zufälle, Fügungen oder Momente, in denen das Leben seinem eigenen Plan folgte. Und das Leben tut das jeden Tag – bei uns allen. Diese Vorstellung gefällt mir.

Es ist nicht so, dass ich mit diesem Buch an dich appellieren möchte, keinem einzigen Plan mehr zu folgen. Ganz im Gegenteil, der Taxifahrer des Lebens braucht eine Destination, sonst fährt er mit einem durch die schönsten Städte und Landschaften, setzt einen am Ende wieder an der Startposition ab und verlangt eine Menge Geld dafür, weil das Taximeter hochgeschnellt ist wie der Blutdruck des Marathonläufers. Das meine ich nicht. Ich glaube, dass das Leben auch einen Plan hat, der mit unserem persönlichen Plan verwoben ist. Ich bin überzeugt davon, dass wir als Kinder verinnerlicht hatten, dass wir uns auf uns selbst und auf das Leben verlassen können, sonst würden wir nicht damit beginnen, uns auf das Wagnis des Laufens einlassen und die ersten Schritte zu machen. Ganz tief in uns haben wir Vertrauen in diesen Plan, den das Leben für uns hat, unsichtbar zwar, aber dennoch für jeden von uns vorhanden. Mein Appell bezieht sich auf die Limitationen, die wir uns selbst setzen und die von vielen Normen um uns herum beeinflusst wurden. Seien es die Normen einer Instanz wie der Kirche, gesellschaftliche Vorstellungen oder kulturelle und familiäre Prägungen. Sie sind es, die unser aller Abenteuer Hingabe beschwerlicher machen. Ich glaube, dass das Lösen der Leinen, das Ja zum Ungewissen und das Sich-Öffnen für das Für-uns-vermeintlich-nicht-Mögliche große Chancen für uns bereithält. Jenseits der Begrenzungen liegt für mich Amerika – als Sinnbild für eine Erkenntnis, die uns alle wachsen lässt. Tief in uns drin steckt der Funke, den wir brauchen, um das Abenteuer Hingabe in Gang zu setzen. Diesen Funken spüren wir, wenn wir uns zum Beispiel mit dem Rucksack auf eine Reise nach Indien machen, um Gott, uns selbst oder etwas anderes zu finden. Diesen Funken habe ich gespürt, als ich mich vor zehn Jahren auf den Jakobsweg machte. Wir können nur erfahren, welche Abenteuer auf uns warten, wenn wir Ja sagen zu einem Leben voller Fragezeichen. Ja sagen zu einem Leben voller Demut und zu allen Erfahrungen, die unser Leben am Ende zu einer Ausstellung werden lassen, durch die wir gehen und alle Meisterwerke des Lebens nochmal betrachten können.

GELASSENHEIT MACHT FREI

Das uneingeschränkte Ja-Sagen, wie ich es eben beschrieben habe, hat mich zu einer wichtigen Qualität von Hingabe geführt, nämlich der Gelassenheit. Der Begriff beschreibt einen mentalen Zustand, der seit einigen Jahren sehr populär geworden ist. Wer möchte heute nicht immer oder doch zumindest in herausfordernden Lebenssituationen gelassen sein? In einem Coaching habe ich einmal zusammen mit einer Klientin den Begriff Gelassenheit unter die Lupe genommen und herausgefunden, welche Bedeutungsebenen er für mich und für sie hat und was ihn so besonders macht. Im Wort Gelassenheit steckt das Wort „lassen" im Sinne von „nicht tun" drin, aber auch das Partizip „gelassen" als Teil der Vergangenheitsform des Verbs. Wenn wir also etwas lassen oder gelassen haben, erlangen wir dadurch Gelassenheit. Es ist genau das, was wir uns wünschen: Etwas nicht tun zu müssen führt uns weiter auf unserem Weg hin zu mehr Leichtigkeit im Leben. Denn wer gelassen durch sein Leben geht, kann sich nicht festfahren oder festbeißen, er wird sich weniger ärgern und weniger mit allem hadern. Wer gelassen ist, kann die Dinge dort lassen, wo sie hingehören, zum Beispiel an dem Zeitpunkt, zu dem sie geschehen sind, und trägt sie nicht wie eine kiloschwere Bleiweste ständig am Körper. Man hat dies oder jenes „gelassen". Gelassenheit eröffnet uns neue Möglichkeiten, denn wenn wir Dinge lassen, können wir uns neuen Dingen, Herausforderungen und Aufgaben widmen. Und den schönen Seiten des Lebens die Tür öffnen, der Gegenwart, die wir verändern können, und der Zukunft, die noch vor uns liegt.

JA-SAGE-TAG

Um dein Abenteuer Hingabe weiter voranzutreiben, möchte ich dir hier eine Möglichkeit vorstellen, das Ja-Sagen zu praktizieren, nämlich den „Ja-sage-Tag" beziehungsweise den „Ja-sage-Abend". Wo ich diese Idee zuerst aufgeschnappt habe, weiß ich nicht mehr, ich weiß aber, wann sie mir wieder begegnet ist, nämlich in der amerikanischen Serie *Grace and Frankie*. Diese handelt von zwei älteren Damen, die unterschiedlicher nicht sein könnten. Eines Tages eröffnen ihnen ihre Ehemänner, dass sie nicht nur seit zwanzig Jahren gemeinsam eine Anwaltskanzlei führen, sondern auch ein Liebespaar sind und ihren Ruhestand miteinander verbringen möchten. Zwischen den beiden Mitte-70-jährigen Frauen – eine Joint rauchende Hippie-Oma und eine vermeintlich selbstbewusste ziemlich oberflächlich und konservativ wirkende Geschäftsfrau – entwickelt sich nach und nach eine tiefe Frauenfreundschaft. Eines Tages veranstalten die beiden einen Ja-sage-Abend: Dabei geht es darum, einfach zu allem Ja zu sagen, was die andere am Abend vorschlägt. Zu den Klamotten, zur Bar, alles wird ausprobiert und mitgemacht. Wie der Abend zu einem absoluten Highlight wird und die zunächst gehegte Antipathie der beiden Damen sich zu einer Seelenverwandtschaft wandelt, ist eine Freude mitzuverfolgen. So viel zu den beiden Power-Ladies.

Ich möchte dir Mut machen, auch einmal einen Ja-sage-Tag zu veranstalten, oder vielleicht erst mal mit einem Ja-sage-Abend zu beginnen. Es ist ein phantastisches Experiment in Sachen Hingabe. Schnapp dir deine beste Freundin oder deinen besten Freund und probiere es aus: Sag Ja zu allem, was kommt! Schau dir einen Film an, den du dir sonst nie anschauen würdest. Iss Dinge, die du sonst nie zu dir nehmen würdest. Mach die Nacht durch und tanze bis zum Morgengrauen. Zieh dich so an, wie du dich immer schon anziehen wolltest, dich aber nie getraut hast, wenn deine Freundin oder dein Freund es vorschlugen. Fordere dein Gegenüber heraus und lass dich von ihm oder ihr fordern, gib dich dem Leben einfach mal hin. Wie fühlt es sich an, die Kontrolle loszulassen und nur Ja zu sagen? Vielleicht geht ihr in eine Karaoke-Bar und sucht euch gegenseitig ein Lied aus. Was soll schon passieren? Es wird bestimmt lustig und du wirst noch deinen Kindern von dem Abend erzählen. Es funktioniert aber wirklich nur, wenn du zu allem Ja sagst und die Handbremse deaktivierst, sonst setzt dein schlechtes Gewissen ein und sagt dir, dass dieses oder jenes vielleicht nicht angebracht ist. Dann wird es peinlich und die Scham vermasselt mal wieder alles. Es ist bloß ein Abend, vielleicht ein Tag. Du gehst ein Stückchen weiter als sonst und sagst ja zu dem, was gerade vor dir liegt. Es kann nicht *nicht* klappen, das ist das Besondere. Das Experiment wird dich klüger machen und dein Leben bereichern. Suche dir dafür die beste Person aus, die du in deinem Leben hast, jemandem, dem du voll vertraust. Ihr geht zusammen auf eine Reise, für ein paar Stunden. Ich bin gespannt, was du zu berichten hast, wenn wir uns einmal persönlich kennenlernen. Ich freue mich jetzt schon auf deine strahlenden Augen, wenn du es erzählst. Es ist ein Schritt in Richtung Hingabe, genauso wie das Singen unter der Dusche oder das bewusste Atmen. Viel Spaß dabei!

Hingabe
BEDEUTET AUS DEM
WIDERSTAND
ZU GEHEN UND
JA ZU SAGEN
ZU DEM, WAS IST.

KAPITEL 8

BEDINGUNGSLOS. EIN WORT MIT WEITREICHENDEN FOLGEN

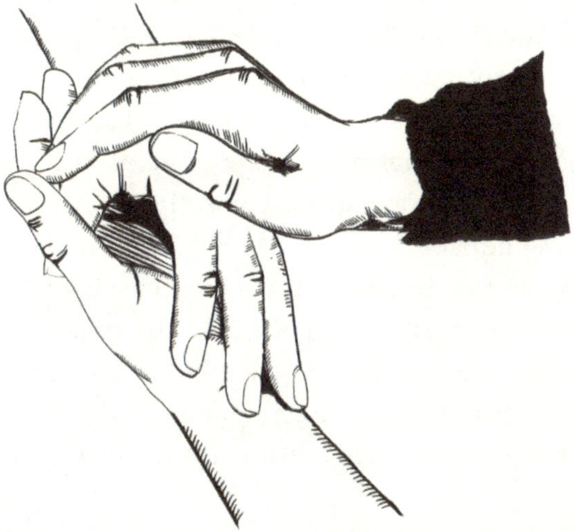

Hast du dir schon einmal über das Wort „bedingungslos“ Gedanken gemacht?

Eine enge Freundin und ich philosophieren seit 20 Jahren immer wieder darüber, denn das Wort und seine Bedeutung inspirieren uns sehr. Beim Schreiben über Hingabe ist mir die Bedingungslosigkeit immer wieder in den Sinn gekommen, weshalb ich ihr nun ein eigenes Kapitel widme. Mit „bedingungslos“ beschreiben wir eine Absicht oder ein Verhalten, das nicht an Konditionen oder Vorbehalte geknüpft ist. Die Bedingungslosigkeit ist frei von Zwängen und Regeln, sie folgt keiner gesellschaftlichen Norm oder egoistischen Zwecken. Mal ehrlich, gibt es ein Wort, das besser zur Hingabe passt als bedingungslos? Ich kenne keines.

Wie steht es mit dir und diesem Wort, hast du Erfahrungen mit der Bedingungslosigkeit? Lebst oder liebst du bedingungslos? Bist du schon einmal in den Genuss gekommen, vorbehaltlos und ohne Bedingungen geliebt zu werden? Hast du schon einmal etwas mit Bedingungslosigkeit getan? Vielleicht war dir nicht bewusst, welche Qualität das Wörtchen bedingungslos bezeichnet, und du möchtest in deinem Leben mehr davon spüren.

Meine Freundin und ich haben uns immer wieder mit der Bedingungslosigkeit beschäftigt, weil es eine Zeit gab, in der wir beide in unglücklichen Beziehungen steckten. Wir fühlten uns von unseren Partnern nicht angenommen und haben uns daran erinnert, dass wahre Liebe bedingungslos ist und sich von dem unterscheidet, was wir erlebten. Nach einigen Jahren hatten wir uns beide aus unseren Beziehungen gelöst und neue Partner gefunden. Dass wir uns beide immer bewusst machen konnten, wie sich bedingungslose Liebe anfühlt, hing damit zusammen, dass wir sie schon erlebt hatten. Ich durch die Liebe meiner Mom und sie durch die Liebe ihrer Eltern. Wir hatten einen Referenzpunkt, wir konnten eine „Messlatte" anlegen. Natürlich war uns bewusst, dass man beim Dating und am Anfang einer Partnerschaft das Ideal der bedingungslosen Liebe noch nicht ins Spiel bringen sollte. Aber man spürt beim Gegenüber ein Potenzial, so sehe ich es, man merkt, ob der Same der bedingungslosen Liebe auf fruchtbaren Boden stoßen kann. Und dann kann man anfangen, in eine Beziehung zu investieren. Klingt „investieren" komisch für dich, klingt es nach Bedingungen? Ich sehen es so: Wenn ich bedingungslos in eine Beziehung investiere, dann tue ich dies – anders als beim Trading an der Börse – ohne etwas zurückzubekommen. Ich investiere meine Liebe, meine Aufmerksamkeit, meine Werte, kurz gesagt mein Bestes, und wofür? Für nichts. Dann ist es Hingabe. Dann ist es bedingungslos und dann bekomme ich vom Leben vielleicht ein Geschenk zurück, ohne zu wissen, ob, wann und wie es passiert. Weil ich vorbehaltlos gebe und uneigennützig bin, ohne Zweck: nur pure Hingabe einem Menschen oder auch einer Sache gegenüber.

VON SCHLAFLOSEN NÄCHTEN UND HINGEBUNGSVOLLEN TAGEN

Als ich in den letzten Wochen im Leben meiner krebskranken Mutter so manche dunkle Stunde an ihrem Bett saß und wir manchmal nicht wussten, ob sie den nächsten Morgen übersteht, habe ich darüber nachgedacht, warum ich meine Mutter so besonders liebe. Eines Nachts ist es mir wie Schuppen von den Augen gefallen: Es war – und ist, denn ich spüre ihre Liebe immer noch – die bedingungslose und vorbehaltlose Liebe meiner Mom, die sie zum wichtigsten Menschen in meinem Leben gemacht hat. Aufgrund dieser Liebe wollte ich monatelang Tag und Nacht bei ihr sein und scheute seit ihrer Krebsdiagnose weder Kosten noch Mühen, um alles für sie zu tun und die besten Therapien und die größte Fürsorge für sie zu ermöglichen. Wie ein Löwe kämpfte ich für ihr Recht auf Gesundheit und Selbstermächtigung und wurde richtig ungemütlich, wenn ich an die Grenzen unseres Gesundheitssystems oder des Egos von Medizinern und uns Nahestehenden stieß. Warum tat ich das alles für sie? Weil das bedingungslose Liebe ist und sie die einzige Person war und ist, die dasselbe für mich tun würde und immer tat. Manchmal sagte sie Sätze wie: „Womit habe ich das eigentlich alles verdient, was du für mich tust?“ Dann erwiderte ich: „Weil ich dich liebe und du es für mich auch tun würdest.“

In besonders zähen Stunden, wenn die Schmerzen sie zermürbten, sagte sie: „Ich will nicht, dass du mich so siehst. Du kannst jetzt mal gehen und dein Leben weiterleben. Ich komme schon klar.“ Dann sagte ich: „Würdest du mich alleine lassen?“ Und sie erwiderte: „Niemals!“ Und ich sagte: „Siehst du, Mom, ich dich auch nicht. Niemals.“ Dann lächelte sie und schlief ein, während ich ihre Hand streichelte, und sie konnte loslassen, weil sie wusste, dass sie nicht allein ist, während sie sich in ihrem so wichtigen Schlaf erholte. Ich erzählte ihr am nächsten Tag von meinem nächtlichen Aha-Erlebnis und fragte sie, ob sie wüsste, dass sie für mich der wichtigste Mensch auf der Erde sei. Sie antwortete lächelnd: „Ich glaube schon!“ Ich fragte sie dann, ob sie wisse, warum das so sei, und sie entgegnete, dass sie keine Ahnung hätte, sie hätte ja nichts Besonderes gemacht, zwischen uns wäre immer schon so eine besondere Beziehung gewesen. Ich sagte ihr dann an diesem hingebungsvollen Tag unter Tränen, dass sie der wichtigste Mensch in meinem Leben sei, weil sie mich in 38 Jahren noch nie abgelehnt habe und mich immer, wirklich immer bedingungslos angenommen hätte. Ich sagte: „Egal, ob ich als Sänger in den Charts war oder

Bücher schreibe, egal, ob ich blond oder wie jetzt grau gesträhnt bin, ob ich fertig studiert oder abgebrochen habe, ob ich Volleyball gespielt oder getanzt habe, ob ich eine Freundin oder einen Mann mit nach Hause brachte, ob ich in der Schule gute oder miese Noten hatte, du warst immer auf meiner Seite."

Meine Mutter war immer in meinem Team. Sie liebte mich und unterstützte mich, egal, was ich tat, welche verrückte Idee ich verfolgte, und sie ermutigte mich und sagte: „Wenn es einer schafft, dann du!" Sie hat mich niemals nachhallend kritisiert, nie hatte ich das Gefühl, nicht geliebt zu werden, nicht richtig zu sein oder den Erwartungen nicht zu entsprechen. Bedingungslose Liebe hat zu bedingungsloser Liebe geführt, aber nicht aufgrund gegenseitiger Erwartungen, sondern durch Hingabe. Dafür bin ich meiner Mom unendlich dankbar. Ich durfte erleben, wie es ist, sich von einem Menschen zu hundert Prozent angenommen zu fühlen, und diese Liebe ist ein Referenzpunkt in meinem Leben. Ich kann kaum ausdrücken, wie mich das Aha-Erlebnis im Krankenhaus verändert hat. Ich weiß, dass es ein großes Geschenk ist, diesen Referenzpunkt zu haben, denn nicht alle Menschen besitzen ihn. Ich glaube aber, dass jeder mindestens einmal im Leben eine solche Liebe erfahren kann, wenn man nicht aufhört, daran zu glauben. Für mich war meine Mutter der Sechser im Lotto, ein Segen. Ihre bedingungslose Liebe hat mich durchs Leben getragen und mich schlimme Dinge durchstehen lassen. Wenn ich als Kind gemobbt oder ausgegrenzt wurde, wenn ich mich anders und minderwertig gefühlt habe, hat mich diese Liebe zusammengehalten wie ein Kitt, durch den ich nicht zerbrechen konnte. Wenn ich zu Hause bei meiner Mutter angekommen war, war es egal, wie die Welt da draußen mich fand, zu Hause war ich richtig, so wie ich war. Mom, ich liebe und vermisse dich jede Sekunde und bin dir so unendlich dankbar für dieses stabile Fundament. Du bist und warst pure Hingabe.

MEHR ALS LIPPENBEKENNTNISSE

Mit ihrer bedingungslosen Liebe stand meiner Mutter immer hinter mir und sie bekannte sich zu mir. Sie tat das, weil es eine große Schnittmenge unserer Überzeugungen gab, sie teilte meine Werte, Normen und Tugenden. In dem Verb „bekennen“ ist „kennen“ enthalten, wir können uns zu etwas bekennen, das uns vertraut ist, das wir kennen, vielleicht sogar erkennen. Wie ist es bei dir? Bekennst du dich zu Dingen oder Menschen? Und wenn du dich zu etwas bekennst, wie sehr stehst du dafür in deinem Leben ein? Man kann sich diese Frage im Hinblick auf die Beziehungen stellen, die wir im

Leben führen. In den Krisenzeiten und Talfahrten, die meine Mom erlebte, und die auch ich aufgrund der Erkrankung meiner Mutter hinter mir habe, wurde mir bewusst, wie wichtig es ist zu wissen, wer sich zu einem bekennt und wer nicht. Man findet es schnell heraus. Gleichzeitig habe ich nicht damit gerechnet, dass es so viele Menschen geben würde, die plötzlich da sind und sich zu jemandem bekennen, den sie bis dato kaum kannten. Viele von ihnen haben sich bedingungslos mit uns in den Kampf um das Leben meiner Mutter gestürzt, haben versucht, sie zu retten, ohne etwas dafür zu empfangen. Ihre Hingabe ging über den Tod meiner Mutter hinaus. Diese Phase in meinem Leben hat mir mehr als deutlich gezeigt, dass wir dafür verantwortlich sind, uns die richtigen Partner, Partnerinnen und Weggefährten zu suchen und unter acht Milliarden Mitmenschen zu finden.

MALEN NACH ZAHLEN

Viele von uns kennen die Enttäuschung, die sich einstellt, wenn wir merken, dass man nicht von Menschen umgeben ist, die dieselbe Haltung teilen wie man selbst. Ich sehe es wie das bekannte Mal-Spiel „Malen nach Zahlen“, wahrscheinlich kennst du es. Dabei geht es darum, nach einem bestimmten

Prinzip ein großes, farbiges Bild zu erschaffen. Das Bild ist in Flächen unterteilt, die nummeriert sind, alle Zweien sind zum Beispiel gelb und alle Achten grün. Wenn wir alle Flächen mit den entsprechenden Farben ausmalen, entsteht am Ende, wenn alle Farben in den richtigen Feldern sind, das Gesamtkunstwerk. So ist es auch im Leben: Wir können uns keine Welt erschaffen, in der es nur Menschen gibt, die so sind wie wir. Wir brauchen alle anderen Menschen, auch wenn wir sie nicht mögen, sie uns das Leben schwer machen oder uns leiden lassen. Ein Gesamtkunstwerk wie das Leben braucht nun mal alle Farben und deshalb auch alle Zahlen. Um gesund und glücklich durchs Leben zu gehen, können wir uns die gelben Zweien aussuchen und uns mit ihnen umgeben. Vielleicht können wir auch mit den roten Sechsen gut zusammenarbeiten. Im Laufe unseres Lebens stellen wir aber vielleicht fest, dass wir mit blauen Fünfen nicht gut zurechtkommen. Dann können wir versuchen, uns von ihnen zu distanzieren, denn wir sind nun mal gelbe Zweien, die gewisse Eigenschaften oder Werte an den Tag legen. Eine blaue Fünf kann uns boykottieren und alles durcheinanderbringen, die Folge sind dann Selbstzweifel, Wut oder Enttäuschung. Das soll nun nicht bedeuten, dass wir uns isolieren und zu Einsiedlern werden sollen. Aber wir können genau prüfen, wie sich Menschen verhalten, wobei die Farben und Zahlen keine Wertungen enthalten, sondern für charakteristische Eigenschaften und Werte stehen, die von einer Gruppe vertreten werden. Man kann üben, die Menschen einzuschätzen, um auf sich zu achten und im Alltag besser zurechtzukommen. Außerdem führt es dazu, dass wir in einer Notsituation nicht die falsche Hand ergreifen, sondern eine finden, die uns hält und für uns da ist. Gerade wenn Schicksalsschläge uns den Boden unter den Füßen wegziehen, ist es wichtig zu wissen, an wem du dich festhalten kannst, um nicht noch tiefer zu fallen. Die gelben Zweien um dich herum schützen dich, sie sind für dich da und fangen dich auf, wenn du nicht mehr kannst. Sie laufen Schritt für Schritt neben dir, bis du wieder sicher gehen kannst. Wir können uns die Welt nicht malen, wie wir sie gerne hätten, aber wir können uns die Farben aussuchen, mit denen wir uns umgeben, zu denen wir uns zugehörig fühlen. Ich wünsche dir, dass du immer die richtige Menge an gelben Zweien um dich herum hast. Denn hätte ich nicht dafür gesorgt, dass ich das habe, hätte ich den größten Verlusts meines Lebens nicht überstehen können. Im nächsten Kapitel gebe ich dir eine Hilfestellung, wie du Klarheit in die verschiedenen Beziehung in deinem Leben bringen kannst. Nicht jede Beziehung muss nämlich gleich und mit Hingabe geführt werden.

KAPITEL 9

WIE WIR BEZIEHUNGEN MIT HINGABE FÜHREN

Wir alle schauen an Weihnachten gerne die schönen, kitschigen Hollywoodfilme, die uns zeigen, wie eine harmonische Familie gemeinsam die Feiertage verbringt. Nicht selten haben diese Filme auch komödiantische oder satirische Anteile, die ein anderes Licht auf das Thema Familie werfen. Denn die Filmemacher wissen genauso wie die Menschen vor den Bildschirmen, dass es pure Harmonie und Liebe zwischen Eltern, Kindern, Geschwistern, Großeltern und Enkelkindern nicht gibt. Wir sehnen uns alle danach, aber es funktioniert bei den wenigsten. So habe ich es zumindest in den letzten 38 Jahren erlebt. Oft wird nur der familiäre „Vorgarten" sauber gehalten, die Steine und Fugen werden von Dreck und Moos befreit, die Hecke wird beschnitten und der Rasen gemäht, um nach außen zu signalisieren, dass in dieser Familie alles in Ordnung ist. Dahinter sieht es anders aus, und das überall. Meiner Meinung nach liegt das daran, dass wir uns ein Leben lang nicht dem hingeben, was faktisch da ist, sondern oft nur den Träumen und Erwartungen, wie es sein *sollte*. Wir wünschen uns die perfekte Beziehung zwischen Tochter und Mutter, zwischen Vater und Sohn, Großmutter und Enkel oder Onkel und Neffe, doch die ist eben nicht von Natur aus da. Auch in Familien wimmelt es nur so von blauen Fünfen, grünen Achten und roten Sechsen. Indem wir uns auf das konzentrieren, was nicht da ist, erzeugen wir Leid, Minderwertigkeitskomplexe und Schuldgefühle. Wir machen Therapien, führen ernste Gespräche, versuchen uns von Familienmitgliedern abzugrenzen, manchmal trennen wir uns auf Zeit, um uns dann wieder zu versöhnen. Ich bin kein großer Freund dieser „Verzögerungstaktik“, wenn das Endergebnis doch nicht aufzuhalten ist.

Ich bin dafür, vieles zu versuchen, um miteinander klarzukommen, aber eben nur bis zu einem gewissen Punkt. Ansonsten schafft das ständige Verharren im Überlebensmodus nur Kummer und verlängert die Qualen. Ich glaube, dass wir alle tief in uns spüren, welche Mitglieder unserer Familie gut zu uns passen und welche nicht. Wir spüren, wer die gleichen Werte teilt und wer in zu großer Diskrepanz zu uns lebt. Mit wie vielen Menschen aus unserer Familie würden wir gerne einen Abend verbringen, wenn sie nicht Teil unserer Familie wären? Ganz ehrlich? Dieses Gedankenexperiment wirkt befreiend. Man spürt es an den klassischen Familienzusammenkünften, an Weihnachten, an Geburtstagen, an Briefen und Karten, an der Art der Kommunikation, an dem Austausch von „Zärtlichkeiten“ und an der Art und Weise, wie man über Gefühle kommuniziert. Ich weiß, dass in den Zehn Geboten der Bibel steht, dass die Familie quasi heilig ist und dass man Vater und Mutter ehren soll. Das heißt für mich übersetzt, dass man das Geschenk der Eltern, einen auf die Welt gebracht zu haben, respektiert und versucht, ein gutes Familienmitglied zu sein. Es heißt aber nicht, dass wir uns verbiegen und vor

Dankbarkeit niederknien müssen, weil wir geboren worden sind. Niemand von uns hat laut „Hier!" gerufen, bevor wir das Licht der Welt erblickten. Es war nicht unsere freie Wahl, an diesen Ort, zwischen diese beiden Eltern und in dieses Leben hineingeboren zu werden. Somit dürfen und können wir dankbar sein, aber wir müssen uns nicht schuldig fühlen, wenn wir es nicht sind, weil wir für unsere Familie andere Gefühle hegen. Schon gar nicht, wenn Dankbarkeit stets eingefordert wird oder wir Gewissensbisse oder Schuldgefühle entwickeln. Wir dürfen uns dem immerwährenden Kampf entziehen, es immer allen recht machen zu müssen, nur damit in der Familie Harmonie und Frieden besteht.

DAS GEFÜHL ENTSCHEIDET

Auch in deiner Familie gibt es gelbe Zweien, da bin ich mir sicher. In meiner Familie gibt es sie und ich habe sie gefunden. Und sie haben sich durch ihre Haltung mir gegenüber und durch ihre Art, mit mir in Resonanz oder Beziehung zu treten, einen Platz in meinem Leben verdient. Jemand, der sich verhält wie Familie, der oder diejenige ist Familie. So sehe ich das. Eine Mutter ist dann eine Mutter, wenn sie sich ihrem Kind gegenüber wie eine Mutter verhält. Wenn sie sich zu ihm bekennt und es mit Hingabe liebt. Eine Großmutter ist dann eine Großmutter, wenn sie sich durch ihre Haltung, ihre Werte und ihr Verhalten den Platz einer Oma ergattert und ihn behält. Wir bekommen unsere Rollen nicht einfach geschenkt, wir müssen uns vielmehr in ihnen „beweisen". Jetzt mag es Stimmen da draußen geben, die daran erinnern, dass hohe Erwartungen oft zu Enttäuschungen führen. Diesen Menschen antworte ich: Wenn wir darauf warten, dass sich jemand zu uns verhält, zum Beispiel wie ein Großvater, dann kann das zu Enttäuschungen führen. Ich erwarte aber diese Haltung oder diese Qualität einer Person nicht, sondern ich bekomme sie von ihr geschenkt, sie wird mir gegeben. Mit Hingabe. „Ich bin sein Vater, also bin ich sein Vater" wäre zu einfach. Darf und kann ich der Sohn sein, den du dir wünschst? Darf und kann ich die Schwester sein, die ich sein möchte? Diese ganzen Fragen müssen geklärt werden, um Enttäuschungen vorzubeugen. Man muss sich darüber klar werden, ob man bedingungslos lieben und geben kann und bedingungslose Liebe zurückbekommen möchte – oder eben nicht. Beides ist in Ordnung, hat nur andere Folgen. Für Kinder gilt das so übersetzt allerdings nicht. Sie brauchen Eltern, die wirklich Eltern *sind*, Kinder können sich nichts aussuchen und es gibt auch eine Fürsorge-Verpflichtung der Eltern, die sie mit der Entscheidung, ein Kind zu bekommen, eingehen.

Ich denke, dass man sich in Familien sehr viel Leid und Tränen ersparen könnte, wenn man erkennen würde, dass man ein Anrecht darauf hat, zu entscheiden, wer sich wie eine Schwester, ein Bruder oder ein Vater anfühlt und wer nicht. Wir leben nicht in einer Monarchie, wo die nächste Generation qua Blutsrecht Anspruch auf den Thron hat. Wir haben die freie Wahl, uns eine Familie zu suchen und die Menschen auszuwählen, die sich zu uns bekennen. Jeder wünscht sich, dass das mit der eigenen Familie klappt, aber wir können es nur versuchen. Wenn wir uns das bewusst machen, kürzt das die Sache gewaltig ab und wir sparen unter Umständen viel Benzin und Nerven. Es ist okay, keinen Vater zu haben. Es ist okay, keine Tochter zu haben. Und es ist okay, sich wie eine Waise zu fühlen, auch wenn man faktisch kein Waisenkind ist. Vielleicht gibt es keine passenden Blutsverwandten, und dann darf man sich gerne auf die Suche nach Menschen machen, die sich anfühlen wie Eltern und die einen quasi adoptieren. Aus einer freiwilligen Handlung und Haltung heraus. Es ist ein großes Geschenk, solche Menschen zu finden, denn jeder hat Familie verdient und sollte eine um sich haben, ob man nun blutsverwandt ist oder nicht. Das Gefühl entscheidet. Das Gefühl, angenommen und geliebt zu werden und der Wunsch, sich zueinander zu bekennen. Das ist meine Definition von Familie.

BUS ODER LIMOUSINE?

Ich wünsche dir, dass du nie aufhörst, auf die bedingungslose Liebe zu hoffen. Dabei ist egal, wer dir diese bedingungslose Liebe schenkt, ob das in einer Partnerschaft, in einer Freundschaft oder in der Familie passiert. Wenn wir in unserem Leben einmal in den Genuss kommen, diesen Segen zu erleben, dann haben wir eine Menge gewonnen. Gerade in Freundschaften ist es wichtig, sich einer gewissen Bedingungslosigkeit bewusst zu werden. Man kann nicht nur Freunde haben, die für einen durchs Feuer gehen und man kann nicht nur „Telefonier-Freunde" gebrauchen, so nenne ich gerne die, die man sehr mag, aber mit denen einen kaum etwas außer Telefonieren verbindet. Man benötigt schon gar nicht nur Party-Freunde oder Essengehen-Freunde. Vielmehr brauchen wir alle Varianten, denke ich, denn sie alle können unser Leben bereichern. Aber wir können unseren inneren Filter anstellen und prüfen, für wen wir bereit sind, was zu tun. Wen lieben oder schätzen wir bedingungslos, wen nicht? Wer verdient, dass wir alles geben, wer verdient nur fast alles? Eine meiner größten Inspirationsgeberinnen und eine der größten Stimmen unserer Zeit, die amerikanische Moderatorin Oprah Winfrey, hat einmal diesen Satz formuliert: „In der Luxuslimousine fährt jeder gerne mit. Aber du brauchst Menschen, die mit dir Bus fahren, wenn die Limousine liegen bleibt." Recht hat sie. Man könnte auch sagen: Echte Freunde fahren auch mit dir Bus. Das ist Bedingungslosigkeit und bedeutet für mich Hingabe.

Wenn ich mit Klienten arbeite, erstelle ich mit ihnen gerne dieses Ranking sozialer Kontakte und Beziehungen, denn es schützt uns davor, frustriert zu werden. Oft ist es für uns nämlich eine bittere Erfahrung festzustellen, dass eine Beziehung zu einem Menschen in unserer Wahrnehmung anders ist als wir es uns vorgestellt haben. Zum Beispiel wenn jemand begeistert in die Limousine einsteigt, aber dir eine Absage erteilt, wenn es darum geht, Bus zu fahren. Außerdem nimmt es uns den Druck, jedem die Wertschätzung entgegenbringen zu müssen, die unseren Ansprüchen an uns genügt. Es geht nicht immer. Man braucht Bus-Freunde, die immer da sind, die bedingungslos alles stehen und liegen lassen, wenn Not am Mann ist. Aber man braucht auch die anderen Freunde, die man ab und zu trifft und mit denen man einfach eine gute Zeit verbringt. Ohne es zu bewerten, dass es nicht mehr ist, und trotzdem sind diese Freundschaften gut und wichtig. Sie sind nur eben an andere Bedingungen geknüpft. Du kannst auch diese Kontakte genießen, ohne ein schlechtes Gewissen zu haben oder ständig ihre Qualität prüfen zu müssen. Wir können einfach gemeinsam das ausleben, was wir gerade geschenkt bekommen. Vielleicht hätten einige Freundschaften ein größeres Potenzial, aber aus geografischen, sozialen oder religiösen Gründen kann nicht mehr daraus werden. Macht doch nix! Trotzdem sind diese Menschen Teil deines Lebens und machen es reicher. Sortiere alles für dich und nimm den Stress raus, denke nicht über das nach, was nicht ist, sondern lebe das, was da ist. Lebe in Hingabe die Vielfalt deines Lebens, das wird dir viel Freude und Entspannung in deine Beziehung bringen, da bin ich mir sicher.

WIR SOLLTEN UNS DEM
hingeben,
WAS DA IST,
UND NICHT DEM,
WAS NICHT DA IST.

KAPITEL 10

DIE SACHE MIT DEN GEFÜHLEN

Wie oft halten wir uns die Hand vor den Mund, wenn wir herzlich lachen? Wie oft trocknen wir schnell unsere feuchten Augen, damit keiner merkt, dass uns etwas berührt hat? Wie oft passiert es uns, dass wir unseren wahren Gefühlen keinen Ausdruck verleihen? Viel zu oft, finde ich. Und genau deshalb möchte ich mit diesem Kapitel an unsere Menschlichkeit erinnern. Ich möchte dir zeigen, dass es in Ordnung ist, wenn wir unseren Gefühlen freien Lauf lassen. Natürlich wollen wir das nicht immer und überall, und das ist auch okay. Aber wenn wir es wollen, dann sollten wir unsere Gefühle zeigen dürfen, ohne uns dafür zu schämen oder kritisiert zu werden. Es muss endlich legitim sein, zu fühlen, denn es gibt nichts Hingebungsvolleres.

Sich seinen Gefühlen hinzugeben ist allerdings nicht immer einfach, das weiß ich und das weißt du. Während meine Mutter krank war, musste ich oft an den Satz denken, dass es uns leichter fällt, wütend zu sein als traurig. Ich bin sicher, dieser Satz trifft sowohl auf mich als auch auf viele andere Menschen zu. Wie oft war ich in den letzten Monaten tieftraurig darüber, was passierte, und wie oft kam diese Trauer als Wut in die Welt. Ich erinnerte mich dann selbst an den Satz, um nicht in eine blinde Wut abzurutschen. Meine Mutter starb während der Fertigstellung dieses Buches, was mich dazu veranlasste, viele Verben doch noch in die Vergangenheit zu setzen. Das tat weh. Denn ich freute mich, „ist“ zu sagen, wenn ich etwas über meine Mutter schrieb und ihre und meine Geschichte erzählte. Nun ist daraus „war“ geworden und ich bin angefüllt von vielen Gefühlen wie der Wut darüber, dass genau meine Mom, die so sehr gebraucht wird, nicht mehr da ist. Dann ist da Verzweiflung, weil ich nicht weiß, wie ich dieses Loch jemals schließen soll, das meine Seelenverwandte hinterlässt. Da ist grenzenlose und bedingungslose Liebe, die nicht mehr weiß, wohin sie sich richten soll, die aber nie verschwinden wird. Gleichzeit verspüre ich Freude über all die Momente in den letzten Monaten und den Jahren davor, in denen ich das Glück hatte, jeden Morgen als erstes meine Mom anrufen zu können und mein verrücktes Leben mit ihr zu teilen. Angefangen von meinen Bühnenauftritten, die ihren Blick mit Stolz erfüllten, über die Fernsehshows, bei denen sie mitfieberte, bis hin zu ihren Krankenhausaufenthalten, bei denen wir zusammen im Rollstuhl durch die Gänge fegten oder Pommes-Partys auf ihrem Zimmer veranstalteten. Das alles macht mich so unfassbar glücklich. Gleichzeitig trauere ich nonstop 24 Stunden am Tag, weil ich diese Zeit nicht verlängern kann. Wir Menschen leben mit einem ganzen Tuschkasten voller Gefühle, die manchmal alle gleichzeitig herauswollen. Wir können nach und nach lernen, uns dieser Palette an Gefühlen hinzugeben. Jeden Tag, immer wieder, bis es für uns normal ist, sie zu durchleben. Genauso, wie wir es konnten, als wir noch Kinder waren.

TIME-OUT FÜR GEFÜHLE

Nicht immer können wir unseren Gefühlen in dem Moment Ausdruck verleihen, in dem sie uns überkommen, manchmal sind wir mitten in einem Meeting, auf einer Geburtstagsparty oder in einem Konflikt mit unseren Kindern. Das sind ungünstige Momente und keiner von uns möchte vor anderen in unkontrolliertes Weinen ausbrechen. Ich bin deshalb dafür, sich regelmäßig Zeit zu nehmen, um traurig zu sein. Quasi eine „Trauer-Time-out“. Ich selbst veranstalte regelmäßig einen Tag oder einen Abend, an dem ich es mir erlaube, traurig zu sein. Traurig über alles, was mich enttäuscht hat oder unglücklich macht. Und ich gebe meiner Seele Zeit, mit mir in Kontakt zu treten und mir mitzuteilen und mich fühlen zu lassen, wo die Trauer herkommt. Oft sind es Situationen oder Herausforderungen, die hinter uns liegen, und dadurch, dass wir sie meistern mussten, konnten wir unserer Seele keine Zeit geben, zu trauern. Der Seele Raum geben, um zu uns zu sprechen, darum geht es. Unsere innere Stimme sagt uns, wo die Schmerzen liegen, die wir verarbeiten müssen. An diesen Time-out-Tagen oder -Abenden, die der Kalender eigentlich nicht hergibt, schaffe ich Raum und schaue mir zum Beispiel Filme an, die ich mag und die mich berühren. Ich höre emotionale Musik, etwa Gospelsongs, die mich mit Demut erfüllen und mich bis ins Mark erschüttern, bis es anfängt zu fließen. Nicht nur die Tränen, sondern der ganze Strom an Gefühlen. Zur Trauer kann Verzweiflung, Ratlosigkeit oder Schmerz hinzukommen und es darf ein sehnsüchtiges Suhlen im eigenen Leid sein. Warum nicht? Ich gönne mir diese Momente, wenn meine Seele sie braucht. Und ich bin sehr froh darüber, einen solchen Mechanismus und ein solches Ritual in meinem Leben installiert zu haben, denn so kann sich nichts zu lange in meinem Körper festsetzen, was dort auf Dauer nicht hingehört. Meine Gefühle haben Hingabe verdient. Wenn du auch einen solches Time-out veranstaltest, sollte es vielleicht erst einmal mit dir alleine geschehen, da es leichter ist und die Scham keine Rolle spielt. Es kann aber auch mal im Zusammensein mit anderen stattfinden. Als ich den engsten Menschen um mich und meine Mutter herum von ihrem plötzlichen Tod erzählen musste, konnte ich am besten mit denen im Kontakt sein, die wie ich fühlten. Verzweiflung und Weinen auf beiden Seiten des Telefons waren für mich Balsam. Ich musste nicht stark sein oder mir rationale Bullshit-Sätze wie „Wenigstens hat sie nun keine Schmerzen mehr“ oder „Jetzt ist sie erlöst!“ anhören. Das sind Floskeln, die keinem etwas bringen, aber aufgrund von Unsicherheit ausgesprochen werden. Ich wollte ehrliche Trauer und ehrliche Gefühle, die man teilt und auch lautstark zum Ausdruck bringt, indem man in Resonanz geht. Das half mir und hilft mir noch heute.

Sich Raum für ein Gefühle-Ritual zu nehmen, rate ich in meinen Coachings besonders alleinerziehenden Müttern und Vätern oder generell Menschen, die sehr wenig Zeit für sich haben. Wenn das auf dich auch zutrifft, nimm dir den Raum, dich deiner Seele zu widmen. Manchmal hilft es auch, den Tag oder ein paar Stunden mit einer Leidensgenossin oder einem Leidensgenossen zu verbringen. Zu Erinnerung: Wir leben nicht, um zu wissen; wir leben, um zu fühlen. Das macht uns zu Menschen. Wir müssen fühlen, um zu spüren, ob etwas nicht stimmt. Wir müssen fühlen, um Veränderungsprozesse anzustoßen. Wir müssen fühlen, damit wir uns selbst nicht abhandenkommen. Viele von uns nehmen sich Zeit, mit anderen mitzufühlen, sie sind empathisch, stehen anderen während ihrer emotionalen Talfahrten bei. Aber viel zu selten nehmen wir uns die Zeit, unseren eigenen Gefühlen nachzugehen. Und zum Glück haben wir nicht nur traurige Gefühle in uns, stimmt's? Auch für die glücklichen Momente, für das Lachen, die Freude, den Spaß und die Leichtigkeit sollten wir uns Zeit nehmen. Auch diesen Emotionen dürfen wir uns aus vollstem Herzen hingeben und sie hereinlassen, wenn sie an die Tür unserer Seele klopfen. An einem Sommertag dürfen wir gut drauf sein, auch wenn die Welt um uns herum gerade unterzugehen scheint. Wir sollten glücklich sein, auch wenn es woanders auf der Welt Menschen gibt, die gerade großes Leid erfahren. Diese Menschen verlieren dadurch nicht unser Mitgefühl. Wir dürfen uns Zeit nehmen, positive Gefühle, Leichtigkeit und Lebensfreude in uns wachsen zu lassen und sie auszuleben. Ich rate dringend dazu, sich regelmäßig Zeit zu nehmen, laut zu singen, zu tanzen oder sich mit einer guten Freundin oder einem guten Freund richtig kaputtzulachen. Wir brauchen diese Momente, auch das ist Hingabe. Das ist sogar Hingabe in ihrer schönsten und vollendeten Form.

Zum Abschluss des Kapitels möchte ich noch mal auf die Trauer zu sprechen kommen. Es ist wichtig zu wissen, dass wir aus der emotionalen Situation wieder aussteigen können und wann es Zeit ist, dieses zu tun. Unser Körper und unser Gehirn neigen öfter zur Übertreibung, und dann kann so etwas wie eine Dauermelancholie oder eine notorische Euphorie entstehen. Sehr hilfreich ist es, sich eine Art „Werkzeugkiste" zuzulegen, die es einem ermöglicht, nach einem emotionalen Feuerwerk wieder im Hier und Jetzt anzukommen. Auch Therapeuten und Coaches können einen in diesem Prozess unterstützen. Denn sonst kann es passieren, dass wir drei Tage durchweinen und nie wieder die Jogginghose ausziehen oder die Couch verlassen wollen. Oder dass wir mit einem gefakten Dauergrinsen herumlaufen, alle Gefühle mit einem Lachen überdecken – ein großes Problem in unserer Gesellschaft – und in eine überzuckerte „Alles-ist-Honig-Stimmung" abdriften. Das ist mit Hingabe nicht gemeint.

Ich sehe das Ganze als ein Picknick. Ein emotionales Picknick der Gefühle. Schnell wird die Picknickdecke ausgebreitet und man zaubert aus dem Picknickkorb das Gefühl und breitet es richtig schön auf der Decke aus. Man holt alles aus dem Korb, was drin ist, richtet es sich nett an und verleibt es sich ein. Wenn die Sonne untergeht, verstaut man das Mitgebrachte wieder im Korb, die Picknickdecke wird zusammengerollt und unter den Arm geklemmt und man radelt mit dem Gedanken „Das tat jetzt aber gut!" der untergehenden Sonne entgegen. Das ist jetzt vielleicht überspitzt formuliert, aber wie du sicherlich schon gemerkt hast, bin ich ein Freund von guten Bildern, sie prägen sich einem ein. Und du kannst dir nun sicher gut merken, dass es völlig okay ist, ein „emotionales Picknick" zu veranstalten, sei es mit den inneren Begleitern Trauer, Wut und Enttäuschung oder auch mit Freude, Euphorie und Lebenslust. Zelebriere deine Gefühle, gib dich ihnen hin, es ist ein großer Schritt in Richtung Selbstermächtigung und ein wichtiger Meilenstein auf dem Weg zu mentaler Gesundheit.

GEFÜHLE VERSUS BEDÜRFNISSE

Jeder Mensch hat Bedürfnisse und diese sind von Grund auf immer gut. Das ist meiner Meinung nach eine wichtige Erkenntnis, um uns selbst besser zu verstehen. Ein aus einem Bedürfnis resultierendes Verhalten muss allerdings noch lange nicht „gut" sein. In meiner Arbeit als Coach unterstütze ich Menschen dabei, unterscheiden zu lernen, was ein Bedürfnis ist und was ein Gefühl. Es geht darum zu erkennen, warum man ist, wie man ist, und wie unsere Psyche „funktioniert". Wenn wir davon ausgehen, dass unsere Bedürfnisse gut sind, dann vollzieht etwa eine medikamentenabhängige Person ein selbstzerstörerisches Handeln, was wir eher als „schlecht" bezeichnen würden, aber diesem Verhalten liegt oft das Bedürfnis zugrunde, sich nicht spüren zu müssen. Das Bedürfnis ist ein gutes, denn es geht darum, seelische Schmerzen zu beenden. Wer könnte das nicht verstehen?

Auch in Beziehungen und in der Kommunikation ist es sehr hilfreich, wenn wir Gefühle und Bedürfnisse trennen und verstehen können. Erkennen wir, welches individuelle Bedürfnis unser Gegenüber hat, dann können wir auf dieses Bedürfnis reagieren und mit ihm in Resonanz treten. Dann wird Kommunikation erfolgreich. Damit das gelingt, müssen wir genau spüren und wahrnehmen, was andere Menschen bewegt. Nehmen wir mal an, dass eine Person einen richtig schlechten Tag hatte, an dem einfach alles schiefging. Wenn ich diese Person dann zusätzlich mit Kritik konfrontiere, obwohl ich merke, dass die Person ein Bedürfnis nach Trost und Ermutigung hat, ist der

Konflikt vorprogrammiert. In dem erfolgreichen Science-Fiction-Film *Avatar* wird es so formuliert: „Ich sehe dich! In allem und alles, was du bist." Sehen wir jemanden nicht, geben wir uns ihm oder ihr nicht hin. Ein wichtiger Indikator für die Bedürfnisse einer Person kann ihre Stimme sein, denn sie sendet viele Signale über unsere Befindlichkeit aus. Das erlebe ich täglich in meiner Arbeit als Stimm- und Kommunikationscoach, bei der ich versuche, Menschen für Bedürfnisse zu sensibilisieren.

Wir alle kennen unsere Grundbedürfnisse, nämlich das Bedürfnis nach Nahrung, Schlaf oder Schutz, sie sind leicht zu verstehen. Wir haben aber auch Bedürfnisse, die wir im Laufe unserer Sozialisation und unseres Lebens erworben haben, es sind sozusagen „erlernte" Bedürfnisse. Das gilt auch für Bedürfnisse, die wir selbst vielleicht als destruktiv erkennen, weil sie uns destruktiv handeln lassen. Sie sind einfach da. Es kann sogar passieren, dass ein Bedürfnis über mehrere Generationen hinweg „vererbt" wird, man nennt das eine transgenerationale Übertragung. Ein Beispiel: Ein Kind wächst in großer Armut auf, es gibt nie genug zu essen und es fehlt an allen Dingen, die man zum Leben braucht. Irgendwann wird dieses Kind, sagen wir ein Junge, erwachsen und auch wenn es diesem Mann dann wirtschaftlich gut geht, kann es sein, dass die Angst, wieder in den Mangel abzurutschen, sein Leben beherrscht. Vielleicht versucht er, sein Geld immer zusammenzuhalten, er gönnt sich rein gar nichts und bringt sein ganzes Geld auf die Bank. Oder er macht Hamsterkäufe, legt Vorräte an, um nie wieder einen Mangel erleben zu müssen. Wenn dieser Mann dann selber Kinder bekommt, wird er seine Ängste übertragen und auch in der nächsten Generation ist die Furcht vor dem Mangel omnipräsent. Ob die Angst vollkommen unbegründet ist, spielt dabei keine Rolle, sie hat sich durch die Generationen hindurch einprogrammiert, sie wird regelrecht in die Zellen übernommen und übertragen. Das bedeutet nichts anderes, als dass alles, was uns ständig und langfristig umgibt, den Bauplan unseres Körpers verändern kann. Die Epigenetik beschäftigt sich mit diesem Thema, das mich sehr fasziniert. Wen wundert es da, dass es uns schwerfällt, aus Gewohnheiten auszusteigen? Vor allem, wenn wir sie schon seit Generationen mit uns herumschleppen? Gerne übertragen sie sich in Form von schlechtem Gewissen, Scham, Angst oder einem falschen Umgang mit unserem Körper. Zu erkennen, ob unsere Bedürfnisse echte Bedürfnisse sind, oder ob sie auf unsere Sozialisation zurückzuführen sind, ist also eine wichtige Aufgabe. Denn nehmen wir mal an, wir gäben uns ständig dem Bedürfnis hin, uns zu betrinken, dann hat das sicherlich nichts mit Hingabe zu tun. Hingabe bedeutet in diesem Kontext, sich auf die Suche nach seinen wahren Bedürfnissen zu machen, sie sozusagen herauszufiltern. Das ist keine einfache Aufgabe, denn wir sind keine Chemiker, aber wir können immer wieder sortieren und ausbalancieren, um letztlich gesünder zu leben.

BUSINESS MIT HERZ

Unsere Gefühle zu erkennen und auszuleben ist schon im privaten Umfeld nicht leicht, im Berufsleben und in unserer schnellen, digitalisierten Welt ist es umso schwieriger. Gerade deshalb ist es mir wichtig, das Thema Gefühle und Hingabe auch im beruflichen Kontext zu beleuchten. Leider ist es in vielen Branchen immer noch so, dass der belächelt wird, der sich vulnerabel zeigt. Gefühle und Bedürfnisse haben im Business keinen Platz, auch wenn eine rein rationale Menschenführung zum Glück der Vergangenheit angehört. Die Zeichen stehen jedoch auf Wandel: In Unternehmen, in denen ich als Businesscoach agiere, werden Führungskräfte und deren Teams darin geschult, ihre emotionale Intelligenz (EQ) zu verbessern. Auch mein Herzensthema *Mental Health* rückt mehr und mehr in den Fokus, denn gesunde Unternehmen brauchen gesunde Mitarbeiter und in unserer sich stetig verändernden Welt müssen die Unternehmen reagieren und Veränderungsprozesse auffangen.

Rund ein Drittel aller Menschen in Deutschland, so sagen Statistiken, leiden an einer psychischen Erkrankung, bei den Krankmeldungsursachen nehmen die psychischen Probleme seit Jahren zu. Die Dunkelziffer liegt wohlmöglich höher. Ein Grund dafür ist, dass Ängste, Sorgen und Kummer in unserer Schweigekultur nicht ausgesprochen werden. Weil es nicht „salonfähig" ist, seine Emotionen zu zeigen, werden sie in der Schublade verschlossen, und viele Menschen fühlen sich einsam und isoliert anstatt sich zu solidarisieren. Wäre es nicht wunderbar, wenn wir es als Stärke ansehen könnten, wenn Menschen sich vulnerabel und empathisch zeigten? Auch in Unternehmen – oder gerade dort? Wäre es nicht eine Wohltat, wenn wir emotionale Fähigkeiten gewinnbringend für unseren Arbeitgeber einsetzen würden? Meine Mission ist klar und ich stecke jeden Tag viel Herzblut in diese Arbeit. Genauso klar ist mir allerdings auch, dass wir noch einen weiten Weg vor uns haben.

WAS WIR GEWINNEN

Wenn wir uns unseren Gefühlen hingeben, gewinnen wir emotionale Freiheit. Das ist etwas Großartiges, denn es bedeutet, weinen zu dürfen, wenn uns zum Weinen zumute ist, und lachen zu dürfen, wenn uns zum Lachen zumute ist. Wir können im kleinen Stil damit beginnen und uns unseren Emotionen hingeben, wenn sie da sind. Wir haben sie bekommen, um sie zu durchleben, und nicht, um sie einzusperren. Gefühle machen uns zu Menschen und was kann es Schöneres geben, als in einer Welt voller Menschen menschlich zu sein? Und vielleicht werden wir auf unserem Sterbebett sagen können, dass wir die ganze Palette emotionaler Vielfalt ausgeschöpft haben, von sexueller Ekstase und Lust bis hin zu verzweifelter Trauer, von größter Glückseuphorie bis hin zu bodenloser Wut – und bedingungsloser Liebe. Gib dich hin und fühle bis in die kleinste Zelle deines Körpers. Du wirst es nicht bereuen, das garantiere ich dir.

WIR LEBEN NICHT,
UM ZU WISSEN.
WIR LEBEN, UM ZU
fühlen.

KAPITEL 11

WERTE UND IHRE INFLATION

Mit dem Thema Hingabe verbunden ist für mich die Frage, welche Werte und Tugenden in meinem Leben von Bedeutung sein sollen. Welche Normen und Vorstellungen sind für mich unverzichtbar? Welche Ansichten können als Sondermüll entsorgt werden? Gibt es überhaupt einen allgemeingültigen Wertekanon, oder sind Werte individuell und nur für das jeweils eigene Leben relevant? In den 20 Jahren, die ich in der Entertainmentindustrie verbracht habe, habe ich ein moralisches Raster entwickelt, das mich leitet. Ohne dieses Raster müsste ich entweder aufhören in dieser bunten, schrillen und schwierig-schönen Welt zu arbeiten oder ich würde erneut krank werden. Das Raster hat sich über die Jahre geformt, wobei ich sowohl gute und schlechte Erfahrungen als auch Einsichten in die Mechanismen des Menschseins integriert habe. Kommen wir zu meinem Wert Nummer eins:

VERBINDLICHKEIT

Verbindlichkeit steht für mich an allererster Stelle. Mich auf Menschen verlassen zu können und mir ihrer sicher zu sein, egal, was passiert, ist für mich unerlässlich. Danach kommt lange nichts. Von vielen Managern und Managerinnen, aber auch von Freunden und Freundinnen habe ich mich getrennt, weil sie sich mir gegenüber nicht verbindlich verhalten haben. Dazu gehört es für mich, die Bedürfnisse des anderen wahrzunehmen, ihn zu respektieren und sich zu ihm zu bekennen, gerade in unserer schnelllebigen Zeit, die einem reißenden Strom gleicht, in der es durchaus üblich ist, nach Belieben auf ein anderes Floß zu springen, wenn sich die Gelegenheit dazu bietet. Das bedeutet nicht, dass man in Beziehungen oder Freundschaften nicht unterschiedlicher Meinung sein kann, diskutieren und auch mal streiten darf. Aber eine fundamentale Basis muss da sein, die sicher hält, auch wenn es oben rüttelt.

Wie geht es dir mit dem großen Wort Verbindlichkeit? Wie stehst du dazu? Oder hast du eine andere Nummer eins, etwas, das dir besonders wichtig ist?

Es lohnt sich darüber nachzudenken, mit dir selbst oder mit einem anderen Menschen. Solche Präambeln für sein eigenes Leben festzulegen erspart einem enorm viel überflüssiges Leid. In meinem Leben gibt es inzwischen kaum jemanden mehr, der mir gegenüber nicht verbindlich ist. Menschen, die auf eine Geburtstagseinladung entgegnen, dass sie es noch nicht wissen und sagen „Wir schreiben noch mal", werden nicht mehr eingeladen. Menschen, die nicht zu ihrem Wort stehen, die mich nicht begrüßen oder wahrnehmen, obwohl wir bereits verbindlich miteinander waren, werden von mir freundlich und direkt auf ihr Verhalten hingewiesen. Und verschwinden danach im Nirwana dieser Acht-Milliarden-Menschen-Welt, die uns viele tolle und interessante Alternativen bietet.

MENSCHLICHKEIT

Auch diese Grundeinstellung, dieser Wert ist für mich fundamental. Er steht wie eine alte Kirche auf so festem Grund, dass ihm zwar Wind und Wetter, Kriege und Konflikte die Fassade ramponieren können, er von innen aber unerschütterlich ist und sich eines wunderschönen Kirchenschiffs mit einer prächtigen Orgel, Emporen und Verzierungen erfreut. Hell und großzügig empfängt diese Kirche jeden, der Schutz sucht, und lässt jeden durch ihre große Pforte wieder hinaus in die Welt. Sie ist immer geöffnet für denjenigen, der eine Kerze entzünden oder einfach Minuten der Einkehr genießen möchte. Menschlichkeit ist nicht „hipp" oder „oldschool" oder „Trend" – es ist das, was uns zu Menschen macht. Es ist das humanitäre Gen in uns, das unsere Spezies so besonders macht. Es ist der Grund, warum wir weinen, wenn wir mit jemandem mitfühlen, und warum wir mitlachen, wenn ein lieber Mensch sich freut. Menschlichkeit ist der Grund, warum wir auf die Straße gehen, wenn unsere Nachbarn Krieg, Hunger oder Gewalt erleiden oder wenn homosexuelle oder Angehörige der LGBTQ+-Community angefeindet werden. Menschlichkeit ist Hingabe, denn wir geben uns dem Menschsein hin – den Gefühlen, dem Glauben, der Empathie, der Zuversicht, all dem, was uns ausmacht. Ich versuche mir diese Tugend zu erhalten, für mich und mein Tun, aber auch für das Wirken von anderen. Wir sollten nicht immer durch die strenge Brille der westlich zivilisierten Gesellschaft schauen und erwarten, dass alle sich strikt an die Regeln halten und politisch korrekt und konform sind. Wir dürfen „menscheln", du und ich. Wir dürfen auch mal die Fassung verlieren, wir dürfen mal über die Stränge schlagen, ausflippen oder uns total verlieren, wenn wir dabei nicht die Würde eines anderen verletzen. Ich verwende bewusst dieses Vokabular, denn es ist Hingabe pur. So sind wir Menschen. Aber Menschlichkeit darf keine Inflation erleiden, sie muss unveränderlich bleiben.

TOLERANZ

Was Toleranz mit Hingabe zu tun hat? Meiner Meinung nach viel. Sie bedingen sich gegenseitig. Wenn wir nicht tolerant durch die Welt gehen, geben wir uns nicht dem hin, was sich uns an Möglichkeiten bietet. Wir sind nicht tolerant, sondern lehnen stets dankend ab. Wie bei einem Buffet: Wer nie probiert, aber sich tolerant gibt und sagt, dass es völlig okay sei, wenn andere die Olive kosten, der ist natürlich kein schlechter Mensch. Aber tolerant ist er in meinen Augen auch nicht. Auf das gesellschaftliche Leben übertragen bedeutet das nicht, dass jeder einmal probieren sollte, schwul oder lesbisch zu sein, vegan zu leben oder sich der jüdischen Konfession zuzuwenden, wenn er ein Katholik ist. Aber für mich bedeutet hingebungsvolle Toleranz, dass man inkludiert statt ausschließt. Ich habe als schwuler Mann oft erlebt, dass andere über Homosexuelle sagen, dass sie grundsätzlich kein Problem mit ihnen hätten, solange nicht dieses oder jenes geschehe, sie wollten mit „denen" nur nichts zu tun haben. Das ist für mich Intoleranz, denn es werden Bedingungen formuliert. Hingabe bedeutet aber Annehmen, die Vielfalt und die Varianz.

Meiner Meinung nach ist es außerdem schwierig, ohne Toleranz Freude, Leichtigkeit, Erfüllung und Sicherheit zu finden. Oft versuchen wir, durch eine logische und rationale Sicht auf die Dinge Klarheit und Sicherheit zu gewinnen. Aber das führt nicht unbedingt zu einem erfüllten Leben. Es sind eher die kleinen, ungeplanten Dinge, die uns zufliegen, welche uns viel geben können. Sind wir dem Leben und seinen Früchten gegenüber tolerant, können wir viel gewinnen.

VERANTWORTUNG

Verantwortung ist vielleicht nicht ein Wert im klassischen Sinne. Trotzdem möchte ich ihr hier Respekt zollen, da sie mir besonders wichtig erscheint. Jeden Tag habe ich mit Verantwortung zu tun, als Coach, als Freund, in der Partnerschaft und der Familie und in der Welt um mich herum. Wir alle tragen Verantwortung, ob wir es wollen oder nicht. Und damit möchte ich – und das ist mir ganz wichtig – das Wort „Schuld" ausklammern. Niemand hat Schuld an etwas, nur weil er Verantwortung trägt. Nehmen wir zum Beispiel den Klimawandel, die Umweltverschmutzung oder das Artensterben, die unsere Erde bedrohen. Niemand hat Schuld daran im eigentlichen Sinne. Nur zu gerne zeigen wir mit dem Finger auf andere oder setzen uns selbst den „Schuldhut" auf. Ich möchte damit nicht sagen, dass wir keinen Einfluss auf diese Dinge haben, wir tragen alle gemeinsam Verantwortung, aber dennoch passiert es in den allerwenigsten Fällen, dass Menschen ganz bewusst entscheiden, etwas zu zerstören oder zu töten. Es passiert aufgrund von Gewohnheiten, die oft aus Bedürfnissen entstehen. Es sind erworbene Gewohnheiten, die uns beigebracht wurden, wie beispielsweise bei einem Kind, das von seinen Eltern übernimmt, das Schokoriegelpapier am Strand fallen zu lassen. Natürlich kann dieses Kind als Erwachsener Nachrichten sehen, sich informieren, sich eine eigene Meinung bilden und sich verantwortungsvoll verhalten. Man kann, soll und muss wohl dazulernen, wenn man die richtigen Menschen um sich hat, und genau in dieser Verantwortung sehe ich uns alle.

Auch für uns selbst tragen wir Verantwortung, Dinge zu akzeptieren, der Vergangenheit eine neue Bedeutung zu geben und die Zukunft zu gestalten. Das beginnt meistens schon damit, wie wir uns ernähren, wie wir wohnen, wie wir mit unseren Nächsten umgehen und mit denen, die uns lieben. Wir tragen die Verantwortung dafür, unser Leben so zu gestalten, dass es anderen Menschen nicht schadet und wir an unserem Lebensende auf ein erfülltes und selbstermächtigtes Leben zurückblicken können, das auch das Leben von anderen bereichert hat. Findest du das eine ungewohnte Vorstellung, dass wir dem Allgemeinwohl etwas Positives hinterlassen sollten? Ich erkläre dir meine Sicht auf das große Ganze: Ich denke, dass es zu unserem Menschsein dazugehört, etwas zurückzugeben für das, was wir bekommen. In dem Wort „Verantwortung“ steckt das Wort „Antwort“ mit drin. Wir sind die Antwort auf das Tun der anderen und umgekehrt. Ist das nicht ein guter und beruhigender Gedanke, zu wissen, dass alles, was wir tun, zählt?

KAPITEL 12

SOS DER PSYCHE: MENTAL HEALTH

Seit einiger Zeit rückt das Thema *Mental Health* mehr und mehr in den Fokus der öffentlichen Aufmerksamkeit. Leider ist es dennoch nicht selbstverständlich, psychische Balance und die Einheit von Körper und Geist als eine zentrale Komponente in unser aller Leben anzusehen. Solange wir uns unseren Gefühlen und Bedürfnissen nicht hingeben und stattdessen funktionieren müssen, wird es immer mehr Opfer und Betroffene geben, die dem mentalen Druck nicht standhalten können und zusammenbrechen. Ein Leben in Hingabe ist für mich die Lösung, denn es verlangt Achtsamkeit für sich und das eigene Leben. Es bedeutet, die Kontrolle abzugeben und Veränderungen und Wandel zu akzeptieren und mitzugehen, ob es einem nun „schmeckt" oder nicht. Das minimiert den Stress erheblich, das entschleunigt und zahlt ein auf unser inneres Konto von Balance und Resilienz.

EIN LOCH IN DER SEELE

Mentale Gesundheit ist etwas, das man sich erarbeiten muss. Sie fällt nicht einfach vom Himmel wie eine Sternschnuppe, erleuchtet einen und plötzlich ist man gesund. Wie so viele Dinge im Leben, erfordert sie Geduld und Anstrengung. Es gibt nicht den einen Punkt des Erwachens, es gibt nur den

Moment, in dem man merkt, dass man Gefühle, traumatische Erfahrungen oder Verletzungen nicht mehr wegdrücken kann. Dass es nicht funktioniert, den Körper wie ein System zu behandeln, das man wie ein Zahnrad wieder zum Laufen bring, wenn es klemmt. Und dass es eben nicht damit getan ist, eine Pille einzuwerfen und einfach weiterzumachen wie bisher.

In eine psychische Schieflage zu geraten ist in unseren Breitengraden normal geworden. Und spätestens seit dem globalen Wandel, dem wir alle ausgeliefert sind, den Kriegen, die diese Welt beherrschen, und der Pandemie bekennen sich immer mehr Menschen offen und ehrlich dazu, mental nicht gesund zu sein. Darüber bin ich sehr froh. Wir müssen das Thema mentale Gesundheit als Gesellschaft in den Fokus nehmen, es richtig interpretieren und daran arbeiten, die Stigmatisierung von Menschen, die in ihrer Seele ein Loch haben, zu beenden. Oft sage ich meinen Klienten: Wenn wir ein Loch im Zahn haben, gehen wir einfach zum Zahnarzt und keiner redet darüber, aber wenn wir ein Loch in der Seele haben, dann sagen wir lieber nichts. Zu angreifbar sind wir nach wie vor, wenn wir dazu stehen, psychisch nicht allem gewachsen zu sein. Dabei ist daran überhaupt nichts verwerflich. Das einzige Verwerfliche ist, dass es als verwerflich angesehen wird. Ich bin auch froh über den neuen Trend, dass bekannte Stimmen versuchen, die Wand zwischen den gesunden und den mental-schwankenden Menschen einzureißen. Denn wenn die Zahlen stimmen, sind ein Drittel aller Menschen in psychischer Schieflage, Tendenz steigend. Eine aktuelle Studie über die psychischen Folgen der Pandemie beziffert, dass 60 Prozent der 18- bis 34-Jährigen ein mäßiges bis sehr hohes Depressionslevel haben. Somit wären auf der anderen Seite der Wand nicht so viele, wie wir vielleicht glauben: Auf der einen Seite hingegen würden wir als Gemeinschaft stehen, weil es uns alle betrifft. Ich kenne keinen Menschen, der noch nie mit psychischen Problemen, depressiven Verstimmungen oder mit einer psychosomatischen Störung konfrontiert war, sei es bei ihm selbst oder in seinem nächsten Umfeld. Es betrifft uns alle, Ex-First Lady Michelle Obama, Prinz Harry und seine Frau Meghan, Popstars wie Lady Gaga oder Mariah Carey, Topmanagerinnen, Geschäftsführer, Studenten und alleinerziehende Mütter und Väter und sogar Kinder und Jugendliche. Der Mensch ist Körper, Geist und Seele und genau deshalb kann das Leben uns so erwischen, dass wir aus der Balance geraten. Ich möchte in diesem Kapitel ein Plädoyer für die eben genannten Aspekte halten und zeigen, wie wir dem Thema *Mental Health* hingebungsvoll begegnen und es in unsere Mitte holen können.

EIN BEWUSSTSEIN FÜR UNS SELBST ENTWICKELN

Ich denke, einer der Schlüssel für die Verbesserung psychischer Gesundheit in unserer Gesellschaft und der Integration des Themas *Mental Health* liegt in der Prävention. Wie so oft: Ist die Krankheit erst mal da, müssen wir die Symptome behandeln. Würden wir als Gesellschaft bereits vor der Entstehung von Problemen damit beginnen, ein Bewusstsein für das Thema zu schaffen, würden wir später nicht so hart auf den Boden fallen. Meiner Meinung nach ist es überfällig, bereits in der Grundschule anzusetzen. Schon Kinder sollten lernen, dass wir alle Emotionen haben, dass es Dinge gibt, die uns wehtun, und dass unsere Seele genauso wichtig ist wie Mathematik, Rechtschreibung oder Biologie. Wir sollten „Achtsamkeit" als Schulfach auf die bildungspolitische Agenda setzen, um Heranwachsenden Sensibilität für sich, ihre Seele und ihren Körper mitzugeben. Dabei bedarf es gar keiner großen Umstrukturierungen, man könnte einfach damit beginnen, eine Atemübung in den Alltag der Kinder zu integrieren, bevor der tägliche Unterrichtswahnsinn beginnt. Darüber hinaus könnten psychoedukative Elemente in den Biologie- oder Sachkundeunterricht aufgenommen werden, in denen man Fragen behandelt wie: Was genau passiert in unserem Körper, wenn wir etwas fühlen? Was ist ein Bedürfnis? Wie gehe ich mit Wut, Stress,

Ärger oder Sorgen um? Wie funktioniert unser Gehirn? Sich mit diesen Fragen auseinanderzusetzen und Informationen in seinen „Rucksack des Lebens" zu packen, würde meines Erachtens einen großen Unterschied machen. Für meinen Teil kann ich behaupten, dass meine Kindheit und Jugend leichter gewesen wäre, wenn ich gewusst hätte, dass ich nicht „unnormal" bin, wenn es mir psychisch nicht gut geht. Ständig fühlte ich mich ausgegrenzt und hatte das Bedürfnis, eine Maske aufzusetzen, damit die andern nicht merkten, wie schlecht es mir ging. Etwa in der Pubertät, als ich Mobbing ausgesetzt war, unter Phasen der Melancholie litt oder und einfach nur weg wollte und nicht wusste, wie und wohin. In diesen Momenten wäre es ein Segen für mich gewesen, Hilfe zur Selbsthilfe zu empfangen. Das wäre für mich die Lösung gewesen, um dem Leid, dem Kummer und großen Minderwertigkeitskomplexen vorzubeugen. Ich denke, dass einige Gesprächstherapien bei Erwachsenen vermeidbar wären, wenn schon Kinder und Jugendliche einen kleinen „Werkzeugkoffer" bei sich tragen würden, der ihnen in Krisensituationen hilft.

Denn eigentlich wissen wir Menschen ganz gut, was wir wollen, wo unsere Bedürfnisse liegen und was uns emotional belastet. Wir lernen nur nicht, auf unser Bauchgefühl zu hören, wir lassen uns beeinflussen und zweifeln eher an uns selbst, als dass wir uns vertrauen. Und da genau geht es los, weil uns schon als Kindern vorgegaukelt wird, dass man nur gut, normal und anerkannt ist, wenn man sich verhält wie die Norm. Ein Fisch muss im Strom mitschwimmen, und jeder Fisch, der sich auffällig verhält, weil er vielleicht eine kleinere Flosse hat, wird durch den Schwarm mitgezogen, weil er sonst gefressen wird. Später sind wir dann damit beschäftigt, unsere Einzigartigkeit, unsere individuellen Bedürfnisse, die völlig okay sind, wieder zu „reparieren". Wir müssen durch psychosomatische Erkrankungen gehen, mühsam uns und unseren Kern wiederfinden und brauchen dabei manchmal einen Mentor, Coach oder Therapeuten, der uns unterstützt.

ICH BIN DAS ERGEBNIS MEINER ERFAHRUNGEN

Ich habe einige Zeit gebraucht, um zu glauben, dass ich in Ordnung bin, sogar „richtig", und für mein individuelles Leben und meine Bedürfnisse fast schon eine „logische Konsequenz". Es musste mir erst jemand die Erlaubnis geben, ich selbst zu sein und meine Umwelt und das Milieu, in dem ich mich befand, auf den Prüfstand zu stellen. Dann beschloss ich, mich zu verändern, Dinge gehen lassen, mir ein neues Milieu zu suchen, das besser zu mir passte. Bei rund acht Milliarden Menschen müssen wir nicht immer an uns schrauben, sondern wir können uns die Menschen suchen, die zu uns passen. Wir brauchen uns nicht weiter zu optimieren und uns für unsere Eigenschaften, Stärken und Schwächen zu entschuldigen oder zu schämen. Wir dürfen das, was uns traurig, unglücklich und ungesund macht, verabschieden und das Leben führen, von dem wir träumen. Wir können uns diesem Fluss hingeben, um glücklich zu sein, und hingebungsvoll gegenüber uns selbst und unseren Bedürfnissen sein. Wir können viel gewinnen, wenn wir merken, dass wir nicht kaputt oder unnormal sind, sondern eine logische und erklärbare Folge unserer Vergangenheit. Meine Erfahrung als Coach hat mir gezeigt, dass fast kein Mensch einfach krank im diagnostischen Sinne ist. Die meisten wurden krankgesprochen, da sie nicht als „normal" angesehen wurden. Vielen meiner Klienten hat es gereicht, einen Blick in ihre Vergangenheit zu werfen und die Folgen dieser Vergangenheit für ihr Leben zu verstehen. Für jemanden, der als Kind geschlagen und misshandelt wurde, ist es schwerer, ein gesundes Verhältnis zu anderen Menschen zu entwickeln. Für jemanden, der oder die sich ständig inmitten elterlicher Auseinandersetzungen befand, ist es eine Herausforderung, mit Konflikten umzugehen und nicht voller Angst den Raum zu verlassen, sobald gestritten wird. Oft sind diese Menschen später süchtig nach Harmonie. Nicht weiter verwunderlich, oder? Es geht nie darum, dass wir uns selbst diagnostizieren oder dass uns andere diagnostizieren. Es geht darum zu erkennen, warum wir so geworden sind, oder besser wofür. Diese Zusammenhänge zu erschließen, sich als ein Ganzes aus Körper Geist und Seele zu begreifen und die Vergangenheit nicht als Anker, sondern als Startrampe ins Leben zu verstehen, darum geht es beim Thema *Mental Health*. Wir können die Milch nicht zurück in die Flasche bringen, aber wir können erklären, warum die Flasche heute nur halb gefüllt ist. Und dann können wir die vergossene Milch da lassen, wo sie ist, uns der Zukunft zuwenden und die Flasche endlich mit dem vollmachen, was wir uns wünschen. Hingabe ist auch hier die Lösung. Denn ich kann mir lange vormachen, dass es mir psychisch gut geht. Ich kann lange weglächeln, dass ich nachts mit den Zähnen knirsche und dass meine Hautprobleme, Rückenschmerzen oder mein Alkoholkonsum keine tieferen Beweggründe haben. Ich hatte auch nicht immer Lust, mich mit diesen Themen auseinanderzusetzen, und mir wurden immer wieder Medikamente angeboten, die meinen Allgemeinzustand verbessern sollten. Und es gibt ja auch nicht für alle Menschen die gleiche Lösung. Therapien müssen individuell abgestimmt und besprochen werden. Ich bin fest davon überzeugt, dass sich angestaute Ängste oder Schmerzen durch eine oberflächliche Behandlung nicht lindern lassen. Es braucht viel Fingerspitzengefühl, viel Liebe, Vertrauen und Arbeit, um die psychische Balance wieder herzustellen. Und auch da sehe ich Hingabe als einen der wichtigsten Faktoren an, um dauerhaft stabil zu bleiben. Wir müssen lernen, das Leben zu surfen, je nach Wellengang. Dafür sollten wir wissen, wer wir sind, was unsere Bedürfnisse sind und wo sich unsere persönliche Achilles-Ferse befindet.

SURF DIE *Welle*, WIE SIE KOMMT.

Ich sage oft zu Klienten, die sich in einer unbefriedigenden beruflichen Situation befinden, dass sie sich vorstellen sollen, einen Obststand am hawaiianischen *Waikiki Beach* zu betreiben, und ich frage sie, was diese Vorstellung bei ihnen auslöst. Die meisten brechen dann in großes Gelächter aus, weil sie sich das nicht vorstellen können. Ich sage dann: „Warum nicht? Halte es doch mal für möglich, dass du in fünf Jahren ein kleines Häuschen an einem wunderschönen Strand bewohnst und ein sehr glückliches und einfaches Leben führst." Bei den meisten ist diese Vorstellung gar nicht greifbar, sie ist in ihrer Phantasie nicht existent. Aber solche gedanklichen Experimente öffnen den Raum für Möglichkeiten. *Design your future*, nenne ich das, und es tut so gut. Durch unsere Gedanken werden Hormone freigesetzt, die wiederum Gefühle hervorrufen, welche uns in die Lage versetzen, neue Wege einzuschlagen und uns eine neue Realität namens

Leben zu schaffen. Wer weiß denn schon, was in zwei oder fünf Jahren ist? Alles kann passieren, wenn man sich dem Leben öffnet und es arbeiten lässt. Ich hätte auch nie gedacht dass ich mit 39 Jahren dieses Buch schreiben würde. Es war nicht planbar.

Vielleicht hören wir damit auf, nachts unsere Zahnschiene zu zerstören, indem wir uns nicht mehr an den Dingen festbeißen, die wir uns vorgenommen haben, sondern beginnen wir damit, den Kiefer zu öffnen und den Mund entspannt hängen zu lassen. Diese Übung kannst du jetzt gerne einmal ausprobieren: Beiße einmal ganz fest auf deine Backenzähne, drei Sekunden lang, so fest, dass es knirscht. Und dann lass schlagartig los, sodass dein Mund aufspringt. Kontrolliere dann, dass du deinen Kiefer mindestens einen, besser zwei Fingerbreit auf hast. Lege deine Zungenspitze an die Rückseite der unteren Schneidezähne und lass den Mund offen hängen. So wie ein ungeliebter Nebensitzer in der Bahn oder im Flugzeug, der uns mit seinem Schnarchen um unsere entspannte Reise bringt. Halte diesen Zustand ein paar Sekunden und versuche ihn zu etablieren. So lernt dein Kiefer zu entspannen, in deiner Nackenmuskulatur werden Blockaden und schließlich sogar Gedanken in deinem Kopf gelöst. Wahrscheinlich wird dein Kiefer immer wieder zuschnappen wollen, das ist in Ordnung.

Nach und nach kannst du den „Nussknacker" in dir besiegen.

Mentale Gesundheit bedeutet, sich in Balance zu bringen, Körper, Geist und Seele als eine Einheit zu begreifen und die Dinge zur Sprache zu bringen, die einen belasten. Seine Stimme zu benutzen. Mentale Gesundheit bedeutet, mit sich und der Welt im Einklang zu sein und nicht im Kampf. Mentale Gesundheit heißt auch, sich im Klaren darüber zu sein, was ist und was nicht ist. Und mentale Gesundheit hat zur Folge, dass wir Herausforderungen mit der Gewissheit begegnen, dass wir alles in uns tragen, um sie zu bewältigen. Ohne Kontrolle, aber mit Hingabe. Zum Abschluss dieses Themas möchte ich dir noch eine kleine Geschichte erzählen, die dich ermutigen soll, dich deinen Ängsten, Limitationen und Dämonen zu stellen. Ich habe schon erwähnt, dass Angst ein schlechter Ratgeber ist. Sie ist der wahre Feind mentaler Gesundheit und vielleicht hilft dir diese Geschichte, dich voller Freude und Mut dem Wind entgegenzuwerfen, denn fliegen wollen wir alle:

Es war einmal ein kleiner Vogel, der das Fliegen liebte. Jeden Tag flog er durch die Lüfte und genoss sein Leben. Eines Tages regnete es und er bemerkte, dass sein Gefieder sehr schwer wurde. Es gelang ihm nicht, gut zu landen, und er verletzte sich am Flügel. Als der Flügel ausgeheilt war, versuchte der Vogel erneut zu fliegen, aber seine Angst hielt ihn am Boden. Er konnte einfach nicht abheben. Zu groß war die Sorge, nicht mehr fliegen zu können. Eines Tages kam ein starker Wind auf und blies in die Flügel des kleinen Vogels. Und er gab sich dem Impuls hin und hob ab in den blauen Himmel, den er so vermisst hatte. Der Wind trug ihn durch die Lüfte und als er das spürte, konnte er wieder kräftig mit seinen Flügeln schlagen.

Oft hält uns nur die Angst zurück, das zu tun, was wir am meisten lieben.

KAPITEL 13

ZWEI LEBEN VON EMILY

Einige Zeit habe ich darüber nachgedacht, womit ich dieses Buch über Hingabe am besten abschließen kann. Dann habe ich mich entschieden, statt eines klassischen Schlussworts zwei exemplarische Lebenswege an das Ende zu setzen. Dafür habe ich mir eine Person ausgedacht, sie heißt Emily. Am Beispiel von Emily möchte ich dir zwei mögliche Versionen eines Lebens zeigen: auf der einen Seite ein Leben, geführt im Überlebensmodus; auf der anderen Seite ein Leben mit vielen Herausforderungen, Berg- und Talfahrten, geführt mit Hingabe.

Das Leben von Emily ähnelt wahrscheinlich in seinen Grundzügen und Eckdaten dem Leben von vielen Menschen. Ich schreibe dieses Leben aber nicht in seiner Gänze auf, sondern beschränke mich auf das, was die Menschen über Emily sagen würden, nachdem sie ihr irdisches Leben beendet hat. Es geht also um einen klassischen Nachruf. Mit diesem Nachruf in zwei Versionen möchte ich dich für dein eigenes Leben sensibilisieren. Du kannst am Ende entscheiden, welches Leben von Emily dich mehr berührt und zum Nachdenken anregt. Egal, welche der Varianten dich wie anspricht, du hast die Möglichkeit, daraus Schlussfolgerungen für dein eigenes Leben zu ziehen. Und dann kannst du deine Fahrt auf dem Strom des Lebens fortsetzen, so wie du es bisher gemacht hast, oder du änderst deinen Kurs, setzt die Segel neu, legst vielleicht am Ufer an, um dich mit anderen zu beraten, Proviant einzupacken und dann voller Mut wieder lozusegeln. Entweder mit einer ordentlichen Portion Hingabe und viel Lust auf dein eigenes Abenteuer. Oder mit einer mittelgroßen Portion Hingabe und dem Ziel, ein paar Dinge einfach mal anders zu machen und zu sehen, wohin dich das führt. Oder du schmeißt das Buch in die Ecke, lebst dein Leben wie bisher und fühlst dich darin bestärkt, dass es genau das Leben ist, das du leben möchtest. In jedem Fall werden diese Nachrufe mit dir sprechen. Sie werden dich auffordern, deiner inneren Stimme zuzuhören und über dich nachzudenken. Du kannst also nur gewinnen. Am Ende dieses Kapitels kannst du dir überlegen, wie dein Nachruf einmal klingen soll, wenn du dieses Leben verlassen hast. Was sollen die Menschen über dich sagen? Was sollen deine Freunde oder Verwandten über dich schreiben? Ihre Stimmen werden zu hören sein. Das, was sie sagen werden, kreierst du in deiner Gegenwart, in deiner Realität, genau jetzt.

Ich danke dir dafür, dass du mir die Chance gegeben hast, durch dieses Buch mit dir ins Gespräch zu kommen und mit dir wichtige Dinge aus meinem Leben zu teilen, hoffentlich auch Gedanken und innere Diskussion über die großen Fragen des Lebens anzustoßen. Es erfüllt mich mit tiefer Dankbarkeit und Demut, dass ich die Chance bekommen habe, in dein Bücherregal einzuziehen. Vielleicht sehen wir uns auch einmal live und in Farbe, ich höre deine Stimme, singe mit dir in meinem *Mental Health*-Chor, diskutiere mit dir bei einer Lesung oder wir arbeiten gemeinsam in einem Seminar oder einem Coaching. Danke für dein Vertrauen. Nun wünsche ich dir viel Freude und gute Gedanken beim Lesen von Emilys Nachrufen und beim gedanklichen Verfassen deines eigenen Nachrufs.

Dein Gerrit

EMILY – STILVOLLES LEBEN MIT PLAN!

Emily war Emily. Sie war eine Frau voller Pläne. Sie führte ein Leben, so wie es ihren idealen Vorstellungen entsprach und wie sie es von sich und auch allen anderen erwartete. Sie wollte stets das Beste aus allem rausholen, stets ihr Bestes geben und das Auto des Lebens sicher und ohne Kratzer nach Haus fahren und angefüllt mit neuen Erfahrungen in die Garage stellen. Sie fühlte sich verpflichtet gegenüber dem, was ihre Mutter ihr beigebracht und mitgegeben hatte. Sie verehrte ihre Eltern und ihre Großmutter, die ihr viel über das Leben beibrachte. Leider verstarb ihre geliebte Oma früh und plötzlich hatte Emily niemanden mehr um sich, der ihr erlaubte zu träumen. Bei Oma war es anders gewesen, bei ihr hatte sie sie selbst sein dürfen. Das betonte sie in Gesprächen immer wieder. Also hielt sie sich an ihre Eltern, die beide fleißig, genügsam und stets darauf bedacht waren, das Richtige zu tun. Sie waren fromme Christen, gute Menschen, kann man sagen, die sich dem Wort der Kirche fügten und nie zweifelten. Emily bewunderte ihre Eltern für ihren Gehorsam und versuchte auch, gehorsam zu sein, um ihre Eltern nicht zu enttäuschen. Deshalb bemühte sie sich auch, in der Ergebenheit gegenüber Führung, Richtlinien, Überlieferung und Tradition Erfüllung zu finden. Emily wollte nicht scheitern. Schon als Kind, so betonte sie später, tat sie alles, um ihre Eltern stolz zu machen. Und egal, ob es ihr Spaß machte oder nicht, sie hatte an sich den Anspruch, in jedem Fach die besten Noten zu haben. In ihrer Schulzeit war sie von allen akzeptiert, sie trug immer schöne Kleider und legte schon als Kind viel Wert auf ihr Äußeres. Ihre Mutter hatte ihr beigebracht, dass es wichtig sei, auf sich zu achten und sich nicht „in die Karten gucken" zu lassen. Zu Hause verlor sie sich manchmal in endlosen Tänzen, wenn aus dem Radio ihrer Eltern Musik erschallte, was nur selten der Fall war. Meist sonntags, da in der Woche keine Zeit für weltliche Freuden war. Stattdessen ging es darum, zu arbeiten, den Garten in Schuss zu halten und das Leben zu „studieren". So nannten ihre Eltern die Lektüre der großen Philosophen, der Bibel und der Geschichtsbücher. Aber sonntags hatte Emily *Show time*! Sie zog sich ihr schönstes Kleid an und tanzte so, als wenn es ihr letzter Tanz wäre. Wenn Emily später davon berichtete, dann fühlten sich ihre Augen mit Tränen, denn sie liebte das Tanzen sehr.

Am Ende ihrer behüteten Jugend machte Emily erfolgreich ihr Abitur, um dann in die nächstgrößere Stadt zu ziehen und ihr Studium anzutreten. Jura sollte es sein, denn sie wollte die Welt verändern und ein bisschen gerechter machen. Das hatte sie ihren Eltern versprochen und ihre Eltern waren stolz darauf, bald eine Juristin in ihrer Familie zu haben. Entschlossen wie sie war, schmiss sie sich in ihre Bücher und verlor sich dort die nächsten Jahre, bis sie alles Wichtige gelernt hatte. Später bereute sie es manchmal, in ihrer Jungend Dinge versäumt zu haben, sie hatte sich keine Zeit für Dates genommen oder für Vergnügungen wie Kinobesuche und Studentenpartys. Auch das Tanzen gab sie auf. Als Jahrgangsbeste schloss sie schließlich ihr Studium ab. Ihr Vater war inzwischen verstorben und erlebte das nicht mehr, aber ihre Mutter war sehr stolz auf sie und versicherte ihr immer, dass sie alles richtig gemacht habe und weiterhin so strebsam und fleißig sein solle, dann würde sie es im Leben weit bringen. Und sie brachte es weit. Ein internationaler Konzern wurde auf sie aufmerksam und sie stieg schnell auf in der Welt der Finanzen und hatte bald einen phantastisch bezahlten Job als Rechtsberaterin und ein tolles Büro mitten im Frankfurter Finanzdistrikt. Sie war eine „große Nummer“

geworden. Diese Frau hatte es geschafft, sich aus einem kleinen Dorf ganz nach oben zu arbeiten, im wahrsten Sinne des Wortes, denn ihr Büro lag im 48. Stock. Gerne schaute sie von dort oben auf die Welt herunter und fragte sich, was es wohl da draußen noch alles gäbe.

Manchmal fuhr sie für ein paar Tage in den Urlaub, gerne in benachbarte Länder oder an die Nordsee. Sie liebte es, am Meer zu sein. Oft reiste sie allein, manchmal mit ihrer Mutter oder mit ihrer Freundin Lisa, die ebenfalls eine erfolgreiche Anwältin, alleinstehend und kinderlos war. Sie genoss es, sich den Wind um die Nase wehen zu lassen, und es gibt ein Foto von ihr an ihrem Lieblingsort an der Nordsee, auf dem sie sehr glücklich aussieht und herzhaft lacht, während sie gemeinsam mit Lisa zu den Klängen eines Straßenmusikers ausgelassen tanzt.

Viele Menschen respektierten Emily und ihre herausragenden Leistungen. Bis sie 67 Jahre alt war, blieb sie dem Konzern als juristische Beraterin treu, wohnte genügsam und bodenständig in ihrer wunderschönen Altbauwohnung in der Frankfurter Altstadt und engagierte sich für die musische Förderung von Kindern. Gerne war sie an den Wochenenden dabei, wenn Kinder durch ihr finanzielles und persönliches Engagement die Chance bekamen zu tanzen, zu malen, zu singen und sich künstlerisch auszudrücken. Das erwärmte ihr Herz und machte sie glücklich. Erst spät lernte sie an einem wunderschönen Tag im Frühling bei einem Spaziergang im Park Paul kennen, einen pensionierten Schuldirektor. Sie begegneten sich auf einer Parkbank, sprachen zunächst über das Wetter und über den Frühling, dessen Schönheit beide bewunderten. In der Folgezeit trafen sie sich immer wieder sonntags im Park, ohne sich jemals zu verabreden. Sie merkten sich die Spaziergehzeiten des anderen und waren „zufällig" immer wieder zur selben Zeit am selben Ort. Keiner hätte es gewagt, den anderen um ein Date zu bitten, denn beide zeichnete es aus, immer die Fassung zu bewahren, abzuwarten und sich vorsichtig anzunähern. Nichtdestotrotz entwickelte sich aus den sonntäglichen Treffen nach und nach eine Beziehung, die Emily und Paul offensichtlich gut tat. Beide behielten ihre Wohnungen, verbrachten aber mehrere Tage in der Woche miteinander, gingen ins Theater, ins Restaurant und erzählten sich aus ihrem Leben. Leider waren ihnen nur ein paar gemeinsame Jahre vergönnt. Sie gehörten aber mit Sicherheit zu den schönsten und erfülltesten Jahren in Emilys Leben. Bis letzte Woche besuchte Emily täglich Pauls Grab und pflegte es, auch wenn sie perfekt frisiert und n ihren High Heels kaum die Gießkanne tragen konnte. Das hätte sie sich jedoch nie anmerken lassen. Paul hatte es verdient, ein schönes Grab zu haben, und sie war froh, das für ihn tun zu können. In ihrem Testament verfügte sie, dass ihr gesamtes Vermögen zum einen der Kirche zugute kommen sollte und zum anderen der Stiftung für die Förderung von musisch talentierten Kindern. Sie war zwar schon einige Jahre nicht mehr in die Kirche gegangen, aber sie hatte immer noch ihre Mutter im Ohr, die ihr gesagt hatte, dass sich das so gehöre. In diesem Punkt war auf Emily Verlass.

Wir denken heute an Emily und an ihre große Leidenschaft und Liebe für die Kinder, die sie unterstützte, und wir danken ihr für die Unterstützung der Kirchengemeinde, die mit diesem Vermächtnis viel Gutes tun kann. Wir denken heute an Emily, an eine Frau, die große Ziele hatte und Großes bewirken wollte, um mit ihrem Dasein die Welt ein bisschen gerechter machte. Sie wird uns allen in Erinnerung bleiben als eine warmherzige und strebsame, genügsame und eloquente Frau, die mit Stil von dieser Welt Abschied nimmt. Danke, Emily!

MAN KANN NICHT ENTSCHEIDEN,
wann man stirbt,
ABER MAN KANN ENTSCHEIDEN,
wie **MAN STIRBT.**

EMILY, DIE WELTMEISTERIN IM WELLENREITEN!

Emily war Emily. Einmalig, einzigartig, voller Talente, voller Möglichkeiten, voller Chancen und Tatendrang, Liebe, Musik, voller Leidenschaft und Menschlichkeit. Sie schaffte es immer, uns alle zu ermutigen, zu stärken und zu inspirieren und das Beste aus einer Situation zu machen. Obwohl sie nie auf einem richtigen Surfbrett stand, ist sie für uns eine wahre Weltmeisterin im Wellenreiten. Sie wusste einfach, wie man die nächste Welle nimmt, und das hat sie zu einem Vorbild für uns alle gemacht. Es fing in ihrer Jugend an, in der sie unter Ausgrenzung, fehlender Liebe im Elternhaus und immerwährenden Selbstzweifeln und Versagensängsten litt. Trotzdem stand sie jeden Tag auf, zeigte der Welt ihre großen, blauen Augen und ihr wunderschönes Lächeln und stellte sich dem neuen Tag. Ganz nach der Devise: Am Ende wird alles gut, und wenn es noch nicht gut ist, dann ist es noch nicht das Ende. Irgendwie schaffte sie es, ihr Abitur zu machen und sich durchzuwurschteln, obwohl ihr viele rieten, die Schule früher zu beenden. Sie versuchte, sich auf das zu besinnen, was sie konnte, und nicht auf das, was sie nicht konnte. Sie steckte viel Häme für ihre Träume ein, denn sie wollte einmal Tänzerin werden. Damals dachte sie noch, sie müsse eine Tänzerin *werden*, dabei war sie bereits eine. Jede ihrer Bewegungen war weich und filigran, wie die einer Ballerina. Das erkannte auch ihre Großmutter, die Emily über alles liebte und die sie immer darin bestärkte, ihren Träumen nachzugehen. Und das tat sie auch und begann schon vor dem Abitur, sich durch Gelegenheitsjobs und viel Fleiß das nötige Geld für ihren geliebten Tanzunterricht zu verdienen. Nach dem gerade so bestandenen Abitur war dann die Bahn frei und sie lebte auf, stellte sich jedem Casting und jedem Vortanzen, um gesehen zu werden und eine Chance zu bekommen. Auch wenn ihr Job als Bedienung im Restaurant nur für eine kleine Wohnung, ein bisschen Essen und für Tanztrainings reichten, so beschwerte sie sich nie. Sie machte sogar immer wieder von sich reden, weil sie durch ihre Ausstrahlung, ihre freundliche und mitfühlende Art die Restaurantgäste verzauberte. Sie warf sich dem Leben mit voller Wucht entgegen und das spürte jeder. Alle liebten Emily. Sie war das Sinnbild einer Frau, die das Leben in seiner Fülle erfahren wollte. Ihre komplizierte Jugend erschwerte es ihr, den richtigen Partner zu finden. Ein unglückliches Date jagte das nächste. Das frustrierte sie manchmal sehr. Sie fragte sich in mancher dunklen Stunde, was genau mit ihr nicht stimmte. Sie war erst 23 Jahre alt und konnte noch nicht alles über sich und das Leben wissen. Mit Marc glaubte sie ihre große Liebe gefunden zu haben und wurde ungeplant schwanger. Als sie im dritten Monat war, kam Marc nicht mehr vom Einkaufen zurück. Heute nennt man das *Ghosting*. Kein Wort, nie wieder ein Anruf, kein Brief bis zu ihrem Tod. Das brach ihr das Herz, aber ihre Schwangerschaft war für sie ein Geschenk, das sie annehmen wollte, und so bekam sie ihre Tochter Gloria.

Und obwohl das Leben als Alleinerziehende sie herausforderte, erfüllte sie sich ihren Traum vom Tanzen, machte ihre Ausbildung in einer der renommiertesten Tanzkonservatorien der Welt und tanzte sogar am Broadway. Dann merkte sie, dass ihr etwas in ihrem Leben fehlte. Aus dem Grund entschloss sie sich, auf dem Höhepunkt ihrer Karriere erst einmal aufzuhören, sich um ihre angeschlagene Gesundheit, ihre verletze Seele und um Gloria zu kümmern. Nach einigen privaten Enttäuschungen und unglücklichen finanziellen Entscheidungen wusste sie nicht mehr, welche Richtung sie einschlagen sollte. Doch jeden Morgen begrüßte sie das Leben mit der Ansage: Das Leben ist keine Generalprobe, du steckst mitten in der Show. In deiner Show! Du lebst im Hier und Jetzt und genau dort kannst und musst du einen Schritt vor den nächsten setzen. Und erst nach dem getanen Schritt wirst du feststellen, in welche Richtung und zu welchem Ziel er dich führt. Geh einfach los, gib dich dem hin, was kommt.

Wir haben Emilys Einstellung immer bewundert, denn sie erfand sich immer wieder neu, weil das Leben sich immer wieder neu erfindet. Ihre zweite Karriere als Marketing-Managerin führte sie zunächst in ein kleines Café in Maastricht, das später zu einer großen und renommierten Café-Kette heranwuchs. In Maastricht lernte Emily auch Johann kennen, einen geschiedenen Cellisten. Auch ihre Tochter Gloria war inzwischen erfolgreich als Studentin eingeschrieben und Emily war unsagbar stolz auf ihren Sonnenschein, auch wenn das Leben bei Gloria hart zuschlug. Eine Immunerkrankung bereitete Mutter und Tochter immer wieder sorgenvolle Tage und Nächte, ließ sie aber auch wachsen. Die Erfahrungen aus dem ersten Kapitel ihres Lebens kamen Emily in ihrem neuen Job zu Gute. Jetzt war sie es, die mit Menschen so arbeitete, dass ihnen nie Idealismus und Motivation fehlten. Sie kannte sich mit dem Wort „Bedürfnis" aus und war stets darauf bedacht, bedürfnisorientiert zu arbeiten, weil sie Menschen verstand. Das tat sie, weil sie sich selbst verstand und ihren Bedürfnissen folgte, obwohl diese sich stetig veränderten – so wie eben das Leben sich stetig verändert.

Sie war eine Wellenreiterin des Lebens, auch noch zum Zeitpunkt ihres Renteneintritts. Selbst dann hörte sie nicht auf, sich immer wieder neu zu erfinden. Sie wollte das Leben kennenlernen mit all seinen Farben. Auch im Alter, in dem sie immer noch selbstbestimmt war. Ihr lieber Mann Johann, ihre große Liebe, verstarb kurz nach ihrem Renteneintritt, obwohl sie sich noch so viel vorgenommen hatten. Nämlich, sich nicht viel vorzunehmen, sondern jeden Tag genau so zu leben, wie sie es taten. Im Hier und Jetzt, während sie nicht auf die Erfüllung ihrer Träume warteten, sondern sie sich heute schon erfüllten. Johanns Tod traf sie hart und unvorbereitet, dennoch gab es nichts, was sie versäumt oder nicht gelebt hatten. Von einer langen Australienreise bis hin zu einem einjährigen Sabbatical in ihrer Lieblingsstadt New York hatten sie alles getan, um ihre innere „Löffelliste" abzuarbeiten. Sie waren eine Heldin und ein Held des Alltags, weil sie ihn so lebten, wie er sich ihnen offenbarte. Und das klappte auch mal ohne Arbeit. Sie verkauften kurzerhand ihr Haus und gaben das Geld aus für das, was sie und andere Menschen brauchten. Sie teilten gerne und wussten, dass sie es zurückbekommen würden. Das Leben schenkt einem Blumen, wenn du Samen gesät hast, pflegte Emily immer zu sagen. Emily hat einen wunderschönen Strauß bekommen, ein Leben in Fülle.

Jetzt ist Emily nicht mehr unter uns, zumindest nicht mehr physisch, und mit ihren 96 Jahren hat sie bis zuletzt Leute zum Surfen animiert. Um ihr Wissen weiterzugeben, beriet sie als Rentnerin ein junges Start-up-Unternehmen für Food-Trends und vegane Ernährung. Sie wollte verstehen, wie sich die Welt verändert und wie sie ihren Beitrag dazu leisten konnte. Sie tanzte sich schnell durch die Gänge dieses Unternehmens und wurde nach nur drei Monaten zum *Senior Consultant* gekürt und fest eingestellt. Das Leben hatte sie einmal wieder mitgenommen auf ein neues Abenteuer. Sie war ein Segen, für die, die sich mit ihr umgehen durften. Nun steht sie da oben im Himmel auf ihrem Surfbrett und juchzt laut, wenn die nächste Welle kommt. Und Johann und alle anderen klatschen am Rand laut Beifall, Gloria von hier unten.

Danke, Emily – mit deiner Hingabe und deiner Zusage an das Leben hast du die Welt ein Stückchen verändert.

DANKE!

An den Verlag Herder und an alle Teams und externen Mitarbeiter des Verlags, die mir als Autor ein Gefühl der Wertschätzung und des Respekts gezeigt haben und mir mit ihrer Liebe zum Detail und ihrer Kreativität ein wunderschönes Buch geschenkt haben. Besonderer Dank gilt dir, Simon Biallowons, für deine verbindliche Art, die Idee zu diesem Buch und dafür, dass du mich „gefunden“ hast, und dir, Julia Ubbelohde, für dein Lektorat deluxe: Orientierung und Leichtigkeit treffen auf Entschlossenheit, Einfühlungsvermögen und Hingabe.

Danke an meine wundervolle Mom: für jeden Moment mit dir in 38 Jahren und dafür, dass ich durch dich die Hingabe noch einmal neu kennenlernen durfte.

Danke an dich, Kevin Kölker, für das großartige Coverfoto und für deine Unterstützung und Liebe, die du Jahr für Jahr für mich und alle meine Projekte an den Tag legst. Danke für zehn Jahre Abenteuer mit dir und für das Vertrauen, dass dieses Abenteuer nie enden wird.

Danke an die Familie, die man sich selbst aussucht, nämlich meine Freunde:
Christine und Silke, Birgit, Frank und Elvira, Christiane und Nurcan, Sebastian und Charity, Volker und Christoph, Ayse und Kim.

Danke an mein Team:
Allen voran meine fantastische Assistentin Anna Stollenwerk fürs „Rückenfreihalten“ und dafür, dass du dich und deine Talente so einbringst.
An Daniel Bartel für seine kreative Expertise und seine Freundschaft.
An Ulrike Wingenfelder für ihren stetigen Support und ihr PR-Knowhow.
Danke an dich, Josef Ballerstaller, dafür, dass du für mich ein großartiger Mentor bist und das „große Ganze“ überblickst und mich „siehst“.
Außerdem danke an Werner Katzengruber für die Orientierung und viele Erkenntnisse auf meinem Weg.
Danke, A. Hölker, für Ihre Hingabe und die Möglichkeit, mich bei Ihnen immer wieder zu finden.
Danke, E. Schütz, für Deine Weitsicht und dein Mentoring über all die Jahre.
Außerdem danke ich:

Stephanie Schenkel, Yvonne Probst, Julia Linden, Ringo Ziesche, Sabine Asgodom, Paul Breuer, Simone von Bentivegni und Christiane Gräf.
Danke an meine Klientinnen und Klienten und an alle Unternehmen, die meiner Expertise ihr Vertrauen schenken und seit Jahren mit mir zusammenarbeiten.
Danke den Menschen, die mir gezeigt haben, wie Hingabe und Menschlichkeit geht:
Jörg Pfeffer
Mansoureh Kharej
Dr. Nina Picker
Veronika Walther und Team
und meine Tante Marita Küster

Danke an alle Wegbegleiterinnen und Wegbegleiter, die seit 20 Jahren beruflich mit mir auf der verrückten Reise meines Lebens unterwegs sind. Und danke an euch, liebe Leserinnen und Leser dieses Buches. Schön, dass ihr mit mir aufbrecht in euer Abenteuer Hingabe!